黒木安信

変わらない主の真実に支えられて

——巻頭言抄

〔発行〕ウェスレアン・ホーリネス教団　浅草橋教会

YOBEL,Inc.

装丁：ロゴスデザイン・長尾 優

変わらない主の真実に支えられて――まえがきにかえて

峯野龍弘

この度敬愛する故黒木安信牧師の遺稿集が出版されるという朗報を伺い、大きな喜びと感謝を覚えた次第です。早速、出版関係者より準備中の下刷り原稿を送付していただき、一気に拝読いたしました。読み進むうちに心引き込まれ、生前の同師の講壇上の姿を思い起こし、その声と語り口調を再び耳元に聞く思いが致しました。おそらく小僕ばかりではなく黒木師を慕う多くの人々が、本書を読み進むにつれて、同様の思いを抱かれるに違いありません。それゆえこの遺稿集の出版はまことに意義深く、本書は同師を親しく知る多くの人々にとっては、今なお語り続けて止まない黒木安信師に聞く、恒常の座右の書となり、また生前同師に触れる機会のなかった方々にとっては、今こそこの卓越した説教者にして熟成した老練の牧会者黒木安信牧師の豊かな教導に与る格好の良書となることでしょう。このような意味においても本書の出版を心から喜び、また感謝するものです。

さて、そもそも本書は浅草橋教会の機関紙「やわらぎ」に連載されていた同師の永年に亘り書き綴ってこられた数多の珠玉の文章の中から、編者が抜粋収録し一巻の書物として纏め上げたものです。２００３年から同師が召される前年の２０１４年までのまさに玉稿と言うべき遺稿が本書に収められています。どの文章も格調高く含蓄に富み、全編に同師の高潔な人格と聖書に対する深い洞察が滲み出ています。実に味わい深く、多くの示唆に富み、教職が読んでも、信徒が読んでも、さらには一般人が読んでも深く心に留まり、教えられるところの多い一文一文に満ち溢れています。さすがに碩学の神の器、黒木安信師を彷彿とさせる一書です。

ここで小僕の思い出の中に生きる黒木安信師について幾ばくかを書き記してみたいと思います。

第一に、同師は何と言っても優れた牧会者でした。彼は良き牧者として常に教会を愛し、教会員たちを一人一人覚えて懇ろに牧会しました。病気の人をよく見舞い、問題を抱え悩む人があれば必ず声掛けし共に祈り、長欠の会員がいれば訪問し、これらの人々や自らのために祈り労してくれた人々などには、よく旅先から愛の便りを書いては送り届けていました。そんな気配り、心遣いの細やかな牧会者である黒木師を傍らで目撃し、こうした点において不出来な後輩である小僕は、どんなに教えられたことかしれません。

第二に、同師はこれまた優れた説教者でした。その説教は常によく準備された説教で、霊的・実践的で、かつ釈義的にも聖書神学的にも隙のない、行き届いた説教でした。本書中のどの文章にもその卓越した説教家である同師の説教性がよく滲み出ています。しかもそのいずれの説教にも牧会的配慮が伺われ、また同師の鋭い時代認識や世相把握、人間洞察の的確さが反映し、いかにこれが毎週その説教を聞いて養われる浅草橋教会の会衆の資質を高め、健康的で健全な人間形成と教会形成の礎となっていたかを思わされます。何と幸いな浅草橋教会であったことでしょう。

第三に、さらにまた同師は卓越した霊的指導者でもありました。単に霊的であるというばかりではなく、黒木師はビジネス・スキルにおいても優れた人で、人事や物事を処理するにあたって、つねに大所高所から全体を見渡し、的確な判断を下すことに自ら留意していました。ですからこうした同師の基本姿勢が多くの人々の信頼するところとなり、ウェスレアン・ホーリネス神学院学院長をはじめとする所属教団のみならず諸団体、諸教派を超えて広く、多くの要職を歴任することとなったのでした。

第四に、しかしながら同師は常に自らの弱さと欠けを知る謙遜な神の僕であり、決して己を誇らせず謙虚に生涯主の御前に跪き、〝祈り、学ぶ〟祈りの人であり、み言葉の探究者でありました。この真摯でひたすらな生きざまこそが、謙虚にして敬虔な同師の生涯を形づくり、前述した一つ一つの卓越した黒木安信像とでも言うべきものを生み出していたのだと言っても過言ではないと思います。

このほかにもなお幾つかの書き記したい同師の思い出がありますが、ひとまず上記をもって本書のまえがきにかえたいと思います。それにしましても敬愛する黒木安信師を掛け替えのない最良の先輩として、身近に仰ぐことの出来ましたわが身の幸を思い、心から主と同師に感謝しています。

（ウェスレアン・ホーリネス教団　淀橋教会主管牧師）

2017年11月

変わらない主の真実に支えられて

——巻頭言抄

目次

変わらない主の真実に支えられて
——まえがきにかえて　峯野龍弘　3

1月のメッセージ
主に望みをおく年　14
決して尽きない主の憐れみ　16
御顔の光に輝く年　19
キリストの光を輝かしなさい　21
変わらない主の真実に支えられて　23
魂に命を得よ　25
闇を光に変える主　27
恵み深い主に感謝せよ。慈しみはとこしえに。　29

2月のメッセージ
真の知恵と知識　32
主の愛の迫り　34
ガザへ下る道に行け　36
御心に適う教会　39
信仰にしっかり立つ　41
主イエスが祈っておられる　44
勝利者キリスト　46
聖霊の力によって　49

3月のメッセージ
天が開けて　54
御言葉の力　55
主の慈しみに向かう心　59
主にすがる素直さ　61
主の深い憐れみ　64
祈りの家で祈れ　66
侮辱とののしりの中を　70

良い羊飼い 72

4月のメッセージ
わが心に復活の主を 78
本当に主は復活して 80
大祭司、主イエス 82
復活信仰の伝達 84
復活こそ希望！ 86
揺り動かされない御国 88
信仰の急所 92
そこでわたしに会う 94

5月のメッセージ
教会創立満70年 98
主の偉大な御力 99
主の霊に生かされつつ 102

一同は聖霊に満たされた 106
神の霊によって導かれる者 108
若者は幻、老人は夢 111
霊の支配下に生きる 112
復活の大いなる委託 114

6月のメッセージ
イエス様の御名によって 120
十字架と復活に現された神の真実 121
信仰は戦い 123
「死の陰の地」に射し込む光 125
力強く証しする 127
御霊によって歩みなさい 129
勝利する信仰 133
共に歩み、共に宿る復活の主 136

7月のメッセージ

祝福は限界を超えて　142
神の家族　143
キリストの真実　145
主への畏れをもって　147
神の御業が現れるため　148
天にこだまする大きな喜び　150
神の愛とキリストの忍耐　152
聖霊に満たされ、導かれる生涯　154

8月のメッセージ

失われたものを捜して救う神　158
幼な子の心　161
悲しむ人々の幸い　163
主の赦しの中で　165
死を越えて　168
神の恵みを忘れるな　170
裸で逃げだした若者　173
罪人を救う唯一の御名　176

9月のメッセージ

大いなる賜物　182
御言葉の確かさ　184
天の国の鍵　186
内なる人の強化　189
先立ち進む神　192
主イエスへの熱情　193
聖霊による希望　195
そうしてあげよう、清くなれ　198

10月のメッセージ
恵みの座　202
この神へ帰って行く　204
究極の支配者　208
十字架の言葉　210
ぶどう酒がなくなりました　212
キリストと共に生きる　215
神のなされることは　217
死の恐れからの解放　218

11月のメッセージ
かがみ込む主　222
主の激しい御愛　224
ただ信じなさい　226
聖餐─生けるキリストに出会う場　230
主のために　232
主は救われる人を加え　234
主の愛の迫り　236
主よ、憐れんでください　238

12月のメッセージ
罪人を救うため　244
主は共に　247
クリスマスは決断の日　250
恐れるな　253
クリスマスを受け取る　256
喜んで「飼い葉桶」に　259
神の熱意は愛　261
神と人とに愛される生涯　264

あとがき　山崎　忍　268

1月のメッセージ

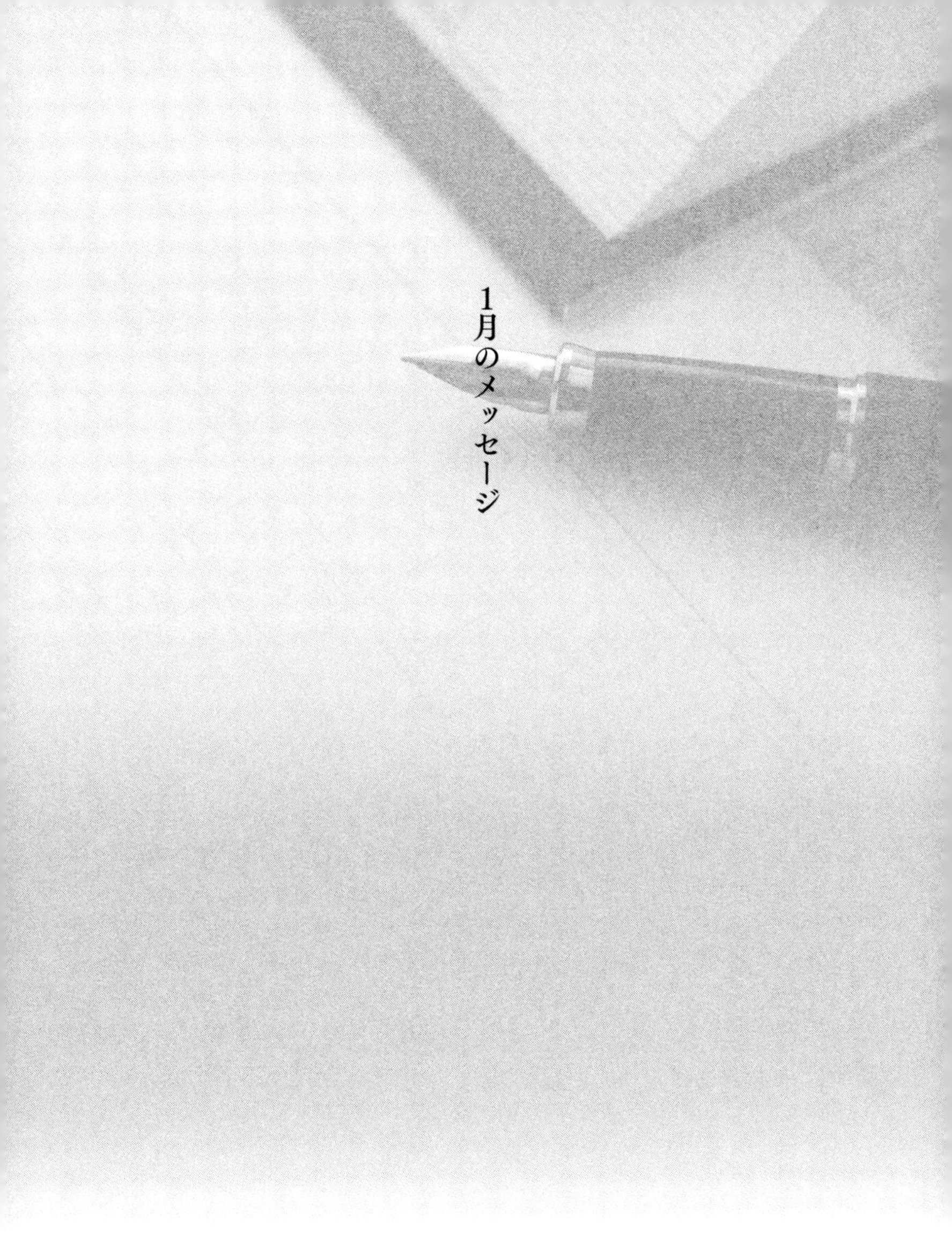

主に望みをおく年

「主に望みをおく人は新たな力を得」（イザヤ書40・31）

主にあって、新年のご挨拶を申し上げます。この年が、どのような一年になりますか、さまざまな面において厳しい世情ではありますが、キリストに望みをおくことをゆるされている私たちにとっては、主の御業を期待し、楽しみにしながら進んでまいりたいと思います。

何よりもこの年、救われる方々が多く与えられますよう、このことが私たちの最大の祈りです。2年後には教会創立70周年を迎えます。そうした記念の時に、直接伝道に立ち上がる献身者が起こされるよう、これも私たちの切なる願いの一つです。

さて、この年、講壇右手にはイザヤ書の御言葉が掲げられています。バビロン捕囚から帰還をゆるされたものの、祖国の再建復興は、容易なことではありませんでした。

人々は、「わたしの道は主に隠されている」と嘆き、「わたしの裁きは神に忘れられた」と訴えたようです。先が見えず、何の見通しも立たない重苦しい状況は、この28節から最後の31節までの僅か4節に、「倦む」（4回）とか「疲れる」（3回）と訳してある言葉が合計7回も出てくることからも分かります。

そうしたイスラエルの民に預言者は呼びかけ、神からの希望のメッセージを告げたのでした。イザヤが告げた「主に望みをおく」とはどういうことだったのでしょうか。

◇とこしえにいます神

それは、神が永遠普遍なるお方であることを信じることであります。私たちは、神が「とこしえにいます神」であられるからこそ、主に望みをおくことができるのです。

今、イスラエルの地は荒れ果て、何の良い兆しも見えない。しかし、神はこの不信のイスラエルに対して今も変わらないお方であること。預言者はここに神の真実を見たのでした。

今世紀、あの9・11の恐るべきテロ事件を通し、この世に信じられるものは最早何一つないことを私たちは知らされました。今もその不信の度は深まる一方です。

しかしそれはあの事件が起こったからではありません。人間が永遠普遍の神を忘れ、人間中心に事を進めているからであります。その意味において、私たちは今こそ、「とこしえにいます神」、神のこの真実に立ち返る必要があります。

神の真実とは、言うまでもなく、イエス・キリストの十字架です。主の十字架こそは神の真実の実証です。主の十字架を信じて立つとき、私たちもキリストの真実をこの世に宿す存在となりうるのです。そこに真の希望があります。

十字架において主の真実に出会う道、それは真実な悔い改めあるのみです。この年をその祈りから始めましょう。

（2003年1月号）

決して尽きない主の憐れみ

「主の慈しみは決して絶えない。主の憐れみは決して尽きない。」（哀歌3・22）

今、日本も世界も不安の暗雲に包まれています。しかし私たちキリスト者はどのような時代にあっても主の御言葉に望みをおいて、祈りを熱くし、週毎の礼拝を生活の中心に据えて、進みたく思います。

イスラエルのユダ王国は、紀元前6世紀末、国家の滅亡という歴史的な破局を経験しました。そのときのエルサレムの住民が受けた苦しみと痛みとをテーマにしたのが旧約聖書の哀歌です。

◇なにゆえ

全体は五つの詩から成っています。冒頭に、「なにゆえ」（エイカー）という疑問副詞がありますが、これは「ああ」という嘆きの言葉で、そこから「哀歌」と呼ばれました。しかしその絶望のどん底から詩人は3章の後半に進みますと、希望の歌をうたっていきます。それは彼が主の慈しみと憐れみに揺るぎない確信を見い出したからでした。

「主の慈しみは決して絶えない。
主の憐れみは決して尽きない。
それは朝ごとに新たになる。
『あなたの真実はそれほど深い。
主こそ私の受ける分』とわたしの魂は言い
わたしは主を待ち望む。」（22〜24節）

ここには主の慈しみ、憐れみ、真実という聖書の中でも非常に重要な言葉が出ており、神のご性質が最もよく表わされています。この三つの言葉が一つとなって実現したのが、イエス・キリストの十字架であります。ですから、新約から見ますなら、ここには詩人の十字架の愛への揺るぎない確信が表されていると言えます。

◇十字架の愛への揺るぎない確信

この年、私たちはこの哀歌の詩人と共に、「主の慈しみは決して絶えない。主の憐れみは決して尽きない」と主の慈しみと憐れみへの揺るぎない確信を言い表していきたいものです。どのようなときに私たちの信仰が不安定なものになるのでしょうか。それは主が十字架に尊い命をささげてまでこの私を慈しみ、憐れみ、そのことによって私たちへの真実を示してくださったことへの確信が揺らいでいくときです。

◇決して

詩人は、「主の慈しみは決して絶えない。主の憐れみは決して尽きない」と告白しています。この「決して」という言葉は聖書にはないのですが、そう訳したいほど、主の憐れみは絶対であるということです。ですから、相対的なこの世の動向に心奪われず、主の十字架にいつも「決して絶えない」「決して尽きない」という絶対的な価値をおいて生活していくように、というメッセージです。

（2004年1月号）

御顔の光に輝く年

「御顔の光をあなたの僕の上に輝かせてください。」（詩編119・135）
「あなたにゆだねられている良いものを、わたしたちの内に住まわれる聖霊によって守りなさい」（Ⅱテモテ1・14）

礼拝堂の正面右左には、表記の今年聖句が掲げられています。礼拝堂に身を置くたびに、この御言葉に思いを傾け、御言葉の豊かな恵みに出会ってください。顔は不思議なもので、人間の心を何よりもよく映し出します。私たちの顔が健やかでありませんと、神の御顔もその程度にしか見えてきません。この年、きっと私たちの顔はいろいろに変わることでしょうが、イエス・キリストを通して、生ける主の御顔をしっかりと見つめ、その御顔の光に照らされつつ、一つ一つの事柄に祈りを込めて取り組んで参りましょう。

この「顔」という言葉は、もともと「向く」、「向かう」、「向ける」という意味です。そこから、御顔と言えば、神が私たちの方を向いてくださる、ですから私たちを顧みてくださる、私たちに恵みを与えてくださる、そういう意味に使われるようになりました。それは、何よりも神の祝福のことなのです。

最も古い聖書の祝福の言葉の一つ（民数記6・24〜26）には、「主があなたを祝福し、あなたを守られるように。主が御顔を向けてあなたを照らし、あなたに恵みを与えられるように。主が御顔をあなたに向けて、あなたに平安を賜るように」と記されています。ここには、主の御顔が神からの祝福、恵み、平安と深い関係にあることを示しています。

この年、「御顔の光をあなたの僕の上に輝かせてください」と日々祈りつつ、神が私たちを豊かに顧み、私たちに祝福を、恵みを、平安を与えてくださることを信じて歩みましょう。そのためには、何よりも私たちの心の内が神の御顔を拝するに相応しく聖別され、整えられ、造りかえられていく必要があります。

この年、「イエス・キリストの御顔に輝く神の栄光」に私たちへの神の豊かな顧みを体験しつつ、救われる人の起こされるよう、祈りつつ取り組んで参りましょう。

（2005年1月号）

キリストの光を輝かしなさい

「主は真理の神、命の神、永遠を支配する王」（エレミヤ10・10）
「あなたがたは地の塩である。あなたがたは世の光である。」（マタイ5・13、14）

礼拝堂正面の右左に表記の今年の御言葉が掲げられています。エレミヤは「ユダの王、アモンの子ヨシャの時代、その治世の第13年」、つまり紀元前626年に預言者としての召命を受けました。彼はその時まだ独身で、20代だったのではないでしょうか。

「ああ、わが主なる神よ
わたしは語る言葉を知りません。

わたしは若者にすぎませんから」

と躊躇しています。

しかしその彼が紀元前586年のあのバビロン捕囚後まで、実に40年の長きに亘って歴史の狭間で苦闘しながら預言活動を続け、神に仕えていったのです。イスラエルの民の歴史だけでなく、今日に至るまで大きな影響をもたらしていることを思うとき、そこに私たちは「神の真実」を知らされます。

自分では立ち得ない、何もできないと、未熟さの中にあったエレミヤです。不安と恐れに襲われていたことでしょう。しかしその彼を養い育て、偉大な預言者に仕上げて用いていかれた神。それがエレミヤが体験した「神の真実」でした。ですから彼は、「主は真理の神、命の神、永遠を支配する王」と、神への揺るぎない信頼を言い表すことができたのです。

エレミヤが行き着いた祈り、導かれた所は、「新しい契約」でした。そしてこの神の約束はクリスマスに実現し、御子イエス・キリストの十字架と復活によって成就したのです。それが「真理の神、命の神、永遠を支配する王」なる神です。

「真理」とは真実という意味で、イエス・キリストの十字架に貫かれた神の真実だけが、私たちの不真実、偽装、欺瞞の罪を裁き、贖い、赦し、聖霊によって聖め分かち、キリストにある真実の道へと導いていてくださるのです。

それが私たちをあえて、「あなたがたは地の塩である。」「あなたがたは世の光である。」と宣言し、この世に遣わして役割を担わせてくださるお方です。ですから主が私たちを「地の塩である」と認めて、この世に遣わしておられるのに、見た目には塩そのものであるが、塩気を失っていないか。見た目、形だけのキリスト者でなく、腐敗を防ぎ、味をつけ、潤いのある存在となるように。また、「世の光」とされているのだから、「世の光」としてこの世に臨んでおられるキリスト、あなたがたの心のうちに宿っておられるキリストの光を、「人々の前に輝かしなさい。」これが主の御心であります。このこともまた、私たちがキリストの光を人々の前に輝かせていく存在となるようにとの促しであります。

今、問われているのは、私たちのそうした存在そのものなのです。

（2008年1月号）

変わらない主の真実に 支えられて

「イエス・キリストは、きのうも今日も、また永遠に変わることのない方です」（ヘブライ13・8）

昨年は1月早々、アメリカでバラク・オバマ氏が〝チェンジ〟と連呼して「変革」を訴え、第44代米大統領に選ばれました。日本でも8月、民主党が圧勝して政権交替の大きな変化を見たことです。一年中、変化、変わる、変えなければ、というムードがいろいろなところに現れていったのではないでしょうか。

確かに変わることは必要で、変わることによって、意味ある進歩も期待できます。しかし変わること、変革だけをいたずらに追い求めていては安定を欠き、肝要な私たち自身も目が回って疲れ果て、人間存在それ自体が不安定になりかねません。

キリストが「永遠に変わることのない方」と言われるとき、私たちはそこにキリストの十字架と復活に現わされた神の「とこしえの愛」（エレミヤ31・3）、永遠に変わらない真実が示されていることを、信仰の眼をもってしっかり受け止めていく必要があるのです。私たちが、イエス・キリストをこの私のただ一人の救い主と信じ、その信仰をもって生活し、行動していく時、私たちはキリストにある神のこの真実に具体的に出会うことができるのです。

過ぐる年も、かけがえのない方たちを主の御許にお送りしました。しかしその中で私たちの真の慰めは、キリストにある神の真実にその都度新しく出会えたことです。そこに霊的体験が深まるのです。聖なる生涯へと招かれていくのです。

今一つの今年の御言葉は、
「全地よ、主に向かって歌え。
日から日へ、御救いの良い知らせを告げよ」（歴代上16・23）です。

私たちが「変わらない主の真実」に固く立つ時、主は私たちを主の証人として用いていかれます。「近代宣教の父」と呼ばれるウィリアム・カーレーは靴屋でした。ある日、見知らぬ人から、「あなたの仕事は何ですか」と聞かれ、彼は微笑みながら、「私の仕事はキリストを証しすることです。靴を修理していますが、それはただ自分の生活の必要のためです」と答えたそうです。彼がインドに行き、最初の回心者を得るまでに何と7年もかかりましたが、彼が召されるときには、何百人もの人がイエスを信じ、26の教会が生まれ、50人のインド人の牧師が起こされ、120の小学校ができていました。

迎えましたこの年、私たちも何よりもこの変わらないキリストの真実に支えられつつ、変わることを恐れず、変えていかなければならない多くの課題に果敢に挑戦していきたいものです。

（2010年1月号）

魂に命を得よ

新年おめでとうございます。迎えましたこの2011年が、恵み豊かな年でありますよう、祈ります。今年の御言葉は、イザヤ書55章3節とヨハネ福音書16章33節です。共にすばらしい御言葉です。

昨年を表す漢字一語は、記録的な暑さから、「暑」の一字でした。熱中症にかかる人が続出し、これに伴い野菜価格の高騰、また熊なども人里に出没。地中の「暑い」中から作業員全員が生還した南米チリの鉱山落盤事故なども反映しているようです。でも国内の社会全般、政治や経済また外交などで、世界全体としても「迷走」の一年だったのではないでしょうか。

この一年がどのような年になるのか、誰も知ることが出来ません。であるならば、自分はどのような年にしたいのか、そういう自己の責任を積極的に果していくことこそ、キリスト者のこの世での姿勢ではないでしょうか。

イザヤ書55章は40章から始まっているバビロン捕囚からの帰還、その後の再建復興を記していく結びの個所です。預言者は、何が整えば復興したと言えるのか。経済的なことか、物質的な暮らし向きのことか。そうではなく「魂に命」があるのかどうか、このことに向き合うようにイスラエルの民に語りかけ、警告し、励ましていったのです。それが、「魂に命を得よ」という命令です。「魂」とは、〈生きた存在としての人間〉のことです。生き生きと活動している生身の人間。悩み、苦しみ、喜び、働く人間そのものです。

捕囚後もう随分時が経っているのに、未だに苦闘しているイスラエルの民。預言者はその彼らの姿を、冒頭から「渇きを覚えている者」、「銀を持たないもの」と表現し、そういう彼らに「皆、水のところに来るがよい。銀を持たない者も来るがよい。」「穀物を求めて、食べよ。」と招いています。

そして決定的な、「魂に命を得よ」と語りかけるのです。それは、そこにこそ、新約において実現、成就された十字架と復活の真の命があるからです。ここにこそこの年の希望もあります。信じましょう。

（２０１１年1月号）

闇を光に変える主

「行く手の闇を光に変え　曲がった道をまっすぐにする。」（イザヤ42・16）
「聖霊の力によって希望に満ちあふれさせてくださるように。」（ローマ15・13）

この年も御言葉が私たちに先立ち、すべてを導かれる。そのことを感謝して進みたい。昨年は、未曾有の大震災に見舞われ、すべてが闇にのまれていく思いであった。被災地の現状は未だ困難を窮めている。しかし、私たちは御言葉のゆえに、心まで闇に支配され、歪められてはならないのである。

この年の御言葉は表記の二つで、いつものように小倉久子姉の力強い墨書が講壇右、左に掲げられている。主は私たちの闇を「光に変え」、曲がった道を「まっすぐにする」と言われる。主が約束しておられる以上、そのことは必ず成ると信じること、これが信仰である。

新しい年を迎えた。私たちの内に「闇」はないだろうか。「曲がった」ところはないだろうか。正直に主の聖前に出て、真実に悔い改めることをイスラエルの民は求められたのである。私たちも同じである。

どうすればそのように導かれるのだろうか。伝道者パウロは、「希望の源である神が、信仰によって得られるあらゆる喜びと平和とであなたがたを満たし、聖霊の力によって希望に満ちあふれさせてくださるように」と祈っている。

私たちを「希望に満ちあふれさせてくださる」のは、聖霊なる神御自身である。これがパウロの確信であった。私たち人間の力には弱さや限界がある。昨年のような大震災の前にはひとたまりもなく、まったく為す術がない。しかし「聖霊の力」は無限である。私たちが聖霊に満たされて歩むこと、このことを神は望んでおられる。聖霊に満たされている者を用いて、神は力ある御業を成し遂げていかれるのである。この年、「聖霊の力」によって、主と共に進みたい。


（2012年1月号）

恵み深い主に感謝せよ。慈しみはとこしえに。

講壇右手には、表記の今年聖句が掲げられています。左手には「目を上げて畑を見るがよい。色づいて刈り入れを待っている」の御言葉です。いつものように小倉久子姉が祈りつつ、心を込めて墨書してくださいました。感謝いたします。

信仰の基本は、恵み深い主への感謝であります。その感謝とは、私たちが主イエスの十字架と復活に出会って、すべての罪を赦され、神の子として御国の世継ぎとされていることです。ですから私たちはこうして主の体である教会に結ばれ、神の家族としての交わりを与えられているのです。この恵みを当たり前のことと思ってはなりません。これは有り得べからざることで、破格の恵みであります。

来年は教会創立80年の節目の年を迎えようとしています。今日まで、主がどんなに大いなることをしてくださったのか、そのことを一つ一つ歴史に学びつつ、御国にある多くの先達に感謝しなければなりません。

旧約の詩人は、「恵み深い主」と告白しています。彼も時代の人として、恵みとは思えないいろいろな経験をしていったはずです。しかし詩人にとって神は「恵み深い主」以外の何ものでもない、これが詩人の信仰告白であります。

ここに使われている「恵み」という語は、善い、善であるという意味です。昨年も辛い悲しいことが、次々に起こりました。この一年も決して平坦ではないと思います。しかしどのようなときにも、神は私たちにとって「恵み深い主」であられる。「あなたは善なる方、すべてを善とする方」（詩編119・68）と信じて歩みますなら、神は私たちをそのように導いてくださるのです。

どうか一年間、この御言葉に向き合ってくださいますよう。祈りの中でこの御言葉の深い意味を発見して互いに分かち合っていただきたいと思います。迎えましたこの２０１４年が、御言葉のゆえに、希望に満ちたものとなりますよう、皆様の上に主の祝福をお祈りいたしております。

（２０１４年1月号）

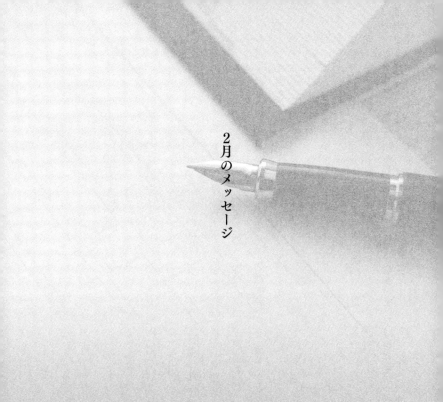

2月のメッセージ

真の知恵と知識

「知恵と知識の宝はすべて、キリストの内に隠れています。」（コロサイ2・3）

人類の営みは、「知恵と知識」をめぐって展開されています。「知恵と知識」の長足の進歩、発展により、どれだけ多くの人命が救われ、生活も豊かになり、便利になってきたことでしょう。計り知れません。しかしそのことは同時に、その同じ「知恵と知識」によって、多くの命が奪われ、自然が破滅され、環境汚染の諸問題が蔓延してきていることもまた否めない事実です。差し引きすると一体どうなるのでしょうか。

その意味で、今日、人類の「知恵と知識」は行き詰っていると言えるのかも知れません。核一つを考えても、様々な危惧を抱かされます。

◇聖書の『知恵と知識』

聖書が「知恵と知識」と言うとき、それはキリスト御自身を指しています。キリストと離れた

「知恵と知識」は、人類に幸いをもたらしても、帰するところそれは破滅の道でしかありません。今こそ、キリストの内に隠されている真の「知恵と知識」に出会って、この難局を打破し、乗り越えて行くべきではないでしょうか。

◇人間の限界

アメリカのスペースシャトル・コロンビアの悲惨な事故によって、7名の尊い人命が一瞬にして奪われたのはかえすがえすも残念なことです。ご遺族の心痛は如何ばかりでしょうか、計り知れません。

人間の知恵知識の限界を突きつけられている思いです。万全を期しても、どうすることも出来ない人間の限界。しかし、7名の宇宙飛行士たちはその限界に挑戦していったことでしょう。今はただこのことが次に生かされることを願うだけです。

この痛ましい事故から、何をメッセージとして聴くべきなのでしょうか。イラクへの戦争が危険の度を増しつつあるこの時、静かに人間の限界を知るべきではないでしょうか。

◇今こそ平和を

私たちは、神が何よりも人類の平和を求めておられることに謙虚に耳を傾けるべきでしょう。

いかなる形でも、人の命が奪われてはならないのです。
今こそ為政者たちの、勇気ある平和への決断を祈るのみです。

「主はあなたの時を堅く支えられる。
知恵と知識は救いを豊かに与える。
主を畏れることは宝である。」（イザヤ33・6）

（2003年2月号）

主の愛の迫り

聖書の人間理解は、すべての人はイエス・キリストを必要としているということです。「サマリアの女」の物語もそうで、彼女もまた救い主を必要としていました。しかし最初はそのことが彼女にはよく分かりませんでした。ですから、主はご自分の方から彼女に、「水を飲ませてください」と優しく声をかけて近づいてくださったのです。

当時、ユダヤ人はサマリア人とは交際しておらず、まして見ず知らずの男の人に声をかけられて、彼女は当惑しています。しかし、主の愛は彼女の心を捕らえていきました。主が、「わたしが与える水を飲む者は決して渇かない。わたしが与える水はその人の内で泉となり、永遠の命に至る水がわき出る」と話されると、彼女は「その水をください」と主に求めました。

この後、話は急に飛躍していきます。主は彼女に、「行って、あなたの夫をここに呼んで来なさい」と言われます。「永遠の命に至る水」と彼女の夫と、どんな関係があるのでしょうか。しかし彼女は素直に、「わたしには夫はいません」と答えています。すると主は、「『夫はいません』とは、まさにその通りだ……あなたはありのままを言ったわけだ」と述べておられます。

私たちが主イエスと出会うということは、表面的なことではなく、私たちの心の奥深いところで主に向かい合う必要があるということなのです。彼女は主の愛に迫られ、主にすべてを打ち明け、主を信じました。

次に話は礼拝のことに及んでいます。どこで礼拝をするのが正しいのかと、彼女は主に尋ねています。礼拝は場所の問題でなく、「霊と真理をもって」ささげることであると、主は教えられました。それは霊と真理であられる主イエスによってささげられる礼拝です。彼女の破綻の原因は、まことの礼拝が失われていたことでした。今彼女はすべての源は礼拝の確立にあることを知ったのです。

（2005年2月号）

ガザへ下る道に行け

「さて、主の天使はフィリポに、『ここをたって南に向かい、エルサレムからガザへ下る道に行け』と言った。」（使徒言行録8・26）

ステファノの殉教に端を発し、エルサレムの教会に対して大迫害が起こり、「使徒たちのほかは皆、ユダヤとサマリアの地方に散」らされていきました。迫害を受けたのは、ステファノたちのグループ（ヘレニスト）で、その中の有力な指導者がフィリポでした。彼はサマリアでの伝道を祝福のうちに終え、「ここをたって南に向かい、エルサレムからガザへ下る道に行け」と命じられます。

◇ガザへ下る道に行け

このガザ（地中海に面したペリシテの五つの町の一つ。最南）への道は、「寂しい道である」と説明されています。フィリポの任地はそうした荒野、砂漠のようなところ、人通りの少ない、不毛の地。しかしそこに「下っていけ」というのが主のご命令でした。

この一年、私たちはこの荒れ果てた、誰も行きたがらないようなガザに、十字架と復活の福音を携えて、出かけていくことが求められているのではないでしょうか。主が与えてくださる幸いとは、このガザに隠されているのかもしれません。ガザを避けては、教会の伝道は進みません。

◇手引きしてくれる人

さて、フィリポは「すぐに出かけて行った」と記されています。そこにフィリポの信仰がうかがわれます。心の内に主をお宿ししている魂とは、そのように行動できる人のことです。

そのとき、エルサレムでの礼拝を終え、エチオピアへの帰途についていた女王カンダケの高官に出会うことができたのです。彼は遠くエルサレムまでやって来て礼拝をささげたものの、信仰には至っていませんでした。彼はイザヤの巻物を手に入れ、帰りの馬車の中で読んでいたのです。フィリポが彼に、「読んでいることがお分かりになりますか」と尋ねますと、「手引きしてくれる人がなければ、どうして分かりましょう」との返事で、馬車に座って教えて欲しいとのことでした。イザヤ書53章が開かれており、そこは有名なメシア預言、主の十字架の苦難と重ねられる個所です。フィリポはこの個所から説きおこして「イエスについて福音を告げ知らせた」と記されています。そしてこの役人は、洗礼にあずかったのでした。彼は「喜びにあふれて旅を続けた」

と。こうして、アフリカへの宣教が開始されたのでした。

もしフィリポが、「ガザに下る」ことを避け、別の道に進んでいたなら、このような神の御業はなされなかったことでしょう。私たちに求められていることも、この「手引きをする」役目です。方法はいろいろでしょう。大切なことは、御言葉を伝えることです。御言葉にこそ、人を救う力があるからです。

◇聖霊への信頼と服従

フィリポの伝道の秘密はどこにあったのでしょうか。聖書はそのことをはっきりと、聖霊の御業に帰しています。

主の天使はフィリポに、「ここをたって南に向かい、エルサレムからガザへ下る道に行け」と命じられました。そしてフィリポの働きが終わると、また「主の霊がフィリポを連れ去った」と記されています。私たちの役目は、人々に主の福音を伝えること、手引きをすることです。私たちが覚えられたり、評価されたり、記憶されることではありません。この後、フィリポの名前は、21章に出てくるだけで、そこには、「福音宣教者フィリポ」と呼ばれています。これこそ、フィリポの喜び、また誇りではなかったでしょうか。

今日、私たちがそのような小フィリポとなって、この苦悩する時代にお仕えしていくことを、主は何よりも望んでおられることと思います。あなたのガザへの道はどこでしょうか。ガザに下る信仰、勇気を聖霊によって与えられましょう。

（２００６年２月号）

御心に適う教会

教会ということに思いを向けますとき、私たちの祈りは、何とかして主の「御心に適う教会」へと成長し、教会の使命を果たしていきたいと願わずにはおれません。主イエスは公生涯に立たれた時、洗礼をお受けになられました。そのとき、「あなたはわたしの愛する子、わたしの心に適う者」という声が、天から聞こえた」と聖書は伝えています。そして主のご生涯は、まさしく父なる神の「御心に適う」歩みとして、その使命が貫かれていきました。とすれば主イエスを頭としていただいている、その体である教会もまた、「御心に適う教会」であることが求められていることは言うまでもないことです。

この「心に適う」という表現は、主イエスが洗礼をお受けになられたことを述べている最初の三つの福音書に共通に見られます。マタイ福音書には、主イエスが山の上で変貌されたという個所でも取り上げられています。ペトロの手紙二には、その「変貌山」の光景が「これはわたしの愛する子。わたしの心に適う者」という言葉と共に覚えられています。使徒言行録13章には、ダビデが神の御心に適った人物として選ばれたことが述べられています。さらにイザヤ書42章1節以下をマタイが引用した際に（12・18以下）、主の僕が「わたしの心に適った愛する者」であると告げられ、主イエスにおいて主の僕への約束が成就したこととして位置づけられています。ですからこの言葉は、とても重要な事柄を示していることが分かるのです。

ここで注目すべきは、ルカ福音書が主イエスの洗礼を伝えるとき、主がバプテスマのヨハネから洗礼を受けられたことには触れていないことです。私たちはそこに主イエスの洗礼が「悔い改めのバプテスマ」から「神の国」、つまり地上においては教会の位置づけとその内実を指し示す重要な出来事であることが示されていると見るべきではないでしょうか。

つまりキリストの体なる教会は、キリストの洗礼に決定づけられ、そこで主イエスが聞き、語りかけられた天からの御声にその内実、実質を受け止めつつ、この世にその使命を果たしていく、ということです。教会のその内実、実質とは何でしょうか。

①教会はそのただ中に救い主、イエス・キリストがおられる群れであること——主の臨在。主は「民衆が洗礼を受け」ている場に、「洗礼を受けて」、共におられるのです。

②教会は「天からの声に聞き従う群れ」であること。主イエスが「祈っておられる」とは父なる神に聞いておられるのです。

③教会は主イエスが父なる神に愛されているように、「神に愛されている群れ」、御心に適う群れとされていくのです。

この年、私たちがより一層「御心に適う教会」として成長し、その使命を果たしうるよう共に祈り、教会の最大の使命である福音宣教に仕えて参りましょう。

（2008年2月号）

信仰にしっかり立つ

教会総会を前に、年間聖句にある「信仰にしっかり立つ」ことを心に留めましょう。立って歩くという、何でもないような日常の動作が、年を重ねる毎に、どんなに不可欠で有難いことかを経験します。信仰生活も同じで、事に直面して初めて私たちは自分が何処に立っているのか、それは「しっかり立つ」という確かなものかどうかが問われます。

◇贖われた者として十字架の下に立つ

私たちの立つべき拠り所は言うまでもなく、主イエスの十字架の下です。それ以外の所で「しっかり立つ」ことは不可能です。しかもこの十字架の下に立たされる時、私たちは自分が何者であるかを知らされます。自分は神の前には到底立てない罪人であることを聖霊のお働きによって気づかされます。しかしそこで絶望するのでなく、自らの罪を認め、心底から悔い改めて御言葉の約束に立つ時、十字架の贖いにあずかることができます。ですから主に贖われた者として十字架の下に「しっかり立つ」こと、これが私たちの決定的で本質的な、そして永遠的な立場であります。

◇共に立つ群れ～教会

この「しっかり立つ」ということは、私たちが自力で頑張って立つことではありません。「目を覚ましていなさい。信仰に基づいてしっかり立ちなさい」と御言葉に勧められていますように、信仰の中に、キリストの中に立つという恵みの世界なのです。

パウロはフィリピの教会に「あなたがたは一つの霊によってしっかり立ち」と励ましています。「一つの霊によって」とは、私たちの立つということが、神の聖い霊に支えられ、執り成され、霊の一致を与えられて共に立つという教会の営みであることを示しています。

もし私たちが自力で立とうとして霊の一致を乱し、自分の義を立てようとするなら、私たちはバランスを崩して不安定になり、必ずや倒れて破滅することでしょう。ですからパウロは、「主によってしっかり立ちなさい」と命じているのです。キリストの教会は個々人がキリストの十字架の贖いに「しっかり立つ」と共に、「一つの霊によって」恵みの中に共に立つ共同体、キリストにある神の家族なのです。

◇何事も愛をもって

そのためには私たちが「一つ霊」によって、「共に」という謙虚さと聖い心を与えられ、偏り易い不安定さを、「キリストにある」というバランスの中で、常に聖別され、ウェスレーが指し示した聖書的ホーリネス、愛による完全、動機の聖さを与えられていくことが不可欠です。コリントの教会はそうした点において多くの問題、課題を抱えていました。しかしパウロは聖い心をもってこの手紙を書き送り、「目を覚ましていなさい。信仰に基づいてしっかり立ちなさい。雄々しく強く生きなさい。何事も愛を持って行いなさい」と勧めたのであります。教会総会がそのような「愛をもって」なされる祈りの場でありますように。（2009年2月）

主イエスが祈っておられる

「シモン、シモン、サタンはあなたがたを、小麦のようにふるいにかけることを神に願って聞き入れられた。しかし、わたしはあなたのために、信仰が無くならないように祈った。だから、あなたは立ち直ったら、兄弟たちを力づけてやりなさい。」（ルカ22・31～32）

聖書には、「祈りと願いと執り成しと感謝」という表現が出てきますが、これらはすべて、私たち人間の側からの神への訴えであります。ところが聖書が明らかにしています祈りの世界は、人間の側から神にという方向とは正反対の、神の側から人間に差し向けられている祈りの道筋があることを示しています。

冒頭に記しました御言葉には、主イエスがペトロのために、「わたしはあなたのために、信仰が無くならないように祈った」と祈ってくださるとの約束です。これは実に、驚くべきことです。これが聖書が告げる祈りの真髄です。

主イエスのこの御言葉は、どういう背景の中で語られたのでしょうか。ペトロがイエス様を知らないと、三度も裏切ってしまう場面は、四つの福音書が同じように伝えている、有名な出来事です。しかも四つともイエス様との「最後の晩餐」の後にペトロの否認のことが告げられ、ペトロがそのイエス様のお言葉を打ち消して自分の決意を述べ、その後、イエス様と弟子たちは祈るためにゲッセマネの園に出かけます。そしてその夜、主は捕らえられ連行され、ペトロは主を知らないと三度も裏切るのです。この流れも四つの福音書に共通です。

この出来事は、主イエスがペトロの裏切りを予告されて3時間前後に起こったと思われます。主イエスが、「シモン、シモン、サタンはあなたがたを、小麦のようにふるいにかけることを神に願って聞き入れられた。しかし、わたしはあなたのために、信仰が無くならないように祈った」と告げられた時、ペトロは冗談ではありませんとばかり、「主よ、御一緒になら、牢に入っても死んでもよいと覚悟しております」と強く抗議しています。でも主は仰います、「ペトロ、言っておくが、あなたは今日、鶏が鳴くまでに、三度わたしを知らないと言うだろう」と。

ペトロの思いは本心だったと思います。しかしその思いを貫き通せないのが、哀しいかな、私たち人間の現実です。そこに闇があります。そこに私たち人間の弱さ、脆さがあります。

救いはどこにあるのでしょうか。主イエスはペトロに、「わたしはあなたのために、信仰が無くならないように祈った」と明確に告げておられます。主がペトロのために祈っておられる。これは驚くべき世界です。神が人間のために祈る。このようなメッセージは聖書以外にはどこにもありません。これがキリストの福音です。ここに希望があります。

主イエスがペトロに願われたことは、「だから、あなたは立ち直ったら、兄弟たちを力づけてやりなさい」ということでした。ペトロ、あなたは立ち直れる。どんなに失敗しても立ち直れる。いや、立ち直らなければならない。これが主イエスのペトロへの深い愛、信頼、そしてまた期待でした。

この後、残念なことにペトロは主の予告通り、三度も主を「知らない」と言ってしまうのです。しかし主が十字架にかかられ、復活された後、主の祈りは聞かれ、ペトロは初代教会の中心的なリーダーとして、命を賭して主に仕え、教会のために、特に福音宣教に邁進して行ったのです。


（２０１０年2月号）

勝利者キリスト

ヨハネ福音書の16章は、13章から語られている十字架を前にされた主イエスの最後のメッセージです。17章は大祭司イエスの祈り、18章からは主イエスが捕らえられ、十字架への道行き、そして十字架～復活と続きます。つまりこの16章は、主の言わば遺言なのです。今主は、28節にありますように、「わたしは父のもとから出て、世に来たが、今、世を去って、父のもとに行く」という御自分の死を告げられます。ここに至って弟子たちも、ようやく主の仰っていることが分かったようです。ですから主は、「今ようやく、信じるようになったのか」と言われ、この33節の言葉を告げられたのです。

◇「苦難」の位置づけ

まず、「あなたがたには世で苦難がある」と「苦難」が私たちの人生において一つの場を得ていると。聖書は「苦難」の問題を前向きに、積極的に捉えています。それは主イエスの御生涯がこの「苦難」を通して進められ、成し遂げられたからです。

御言葉に、「多くの子らを栄光へと導くために、彼らの救いの創始者を数々の苦しみを通して完全な者とされた」（ヘブライ２・10）とあります。つまり「苦難」の道、その極みである十字架の「苦難」こそは、私たちの救いに至る道、この「苦難」を避けて、聖書の救いは存在しません。「キリストの苦難とそれに続く栄光」（Ｉペトロ１・11）とありますように、「苦難」は「栄光」に固く結びついています。ですから、「いろいろな試練に出会うときは、この上ない喜びと思いなさい」（ヤコブ１・２）と述べられているのです。

◇「苦難」の限界付け

聖書は、どのような「苦難」も限界付けられていることを示しています。それが、「わたしは既に世に勝っている」という言葉です。主イエスが「苦難」を積極的に、しかもそれを御自分のこととして受け止め、担い、征服されたということ、それがこの、「わたしは既に世に勝っている」という御言葉です。

主はサタンの誘惑に打ち勝ち、罪に打ち勝ち、御自分の死をもって死を征服された復活の主、勝利者なのです。そしてこのことは、イエス様を救い主と信じる者すべてに妥当します。「神から生まれた人は皆、世に打ち勝つからです。世に打ち勝つ勝利、それはわたしたちの信仰です。だれが世に打ち勝つか。イエスが神の子であると信じる者ではありませんか」（Ⅰヨハネ5・4～5）と約束されている通りです。

◇「勇気を出しなさい」

最後は、勝利者キリストの激励です。この「勇気を出しなさい」という表現は聖書に何回か出てきます。ガリラヤ湖で突風に遭遇して漕ぎ悩んでいた弟子たちの所にイエス様が湖の上を歩いて来られ、弟子たちを助け出された場面で使われています。「幽霊だ」と怖じ惑う弟子たちに主は、「安心しなさい。わたしだ。恐れることはない」と優しく声をかけておられます。

つまり、主イエスが、「勇気を出しなさい」、「安心しなさい」と仰っているときには、必ず「わたしだ」と御自身を示してくださっているのです。嵐の中、試練の中、どのような時でも、主は教会と共におられる。主を信じる私たちと共にいてくださる。これが、「勇気を出しなさい」という語りかけの本当の意味なのです。

（2011年2月号）

聖霊の力によって

主イエスの公生涯は、バプテスマのヨハネから洗礼を受けることによって開始されました。主が洗礼を受けて水の中から上がられるとすぐ、「天がイエスに向かって開いた。イエスは、神の霊が鳩のように御自分の上に降って来るのを御覧になった」（マタイ3・16）とマタイ福音書の著者は記しています。このことは、最初の三つの福音書が伝えているところです。

そして主は荒れ野で「四十日間、昼も夜も断食」され、その後、悪魔の誘惑に遭われます。主の御働きには「四十日間、昼も夜も断食」された祈りが先行していました。また、「〝霊〟に導かれて荒れ野に行かれた」とあるように、主は聖霊と御言葉によって勝利していかれました。

この事実は、バプテスマのヨハネが、「わたしの後から来る方は、わたしよりも優れておられる。わたしは、その履物をお脱がせする値打ちもない。その方は、聖霊と火であなたたちに洗礼をお授けになる」（マタイ3・11）と証ししているところです。そしてこのヨハネの語ったことを主は昇天される前に、弟子たちに約束されました。「ヨハネは水で洗礼を授けたが、あなたがたは間もなく聖霊による洗礼を授けられる」（使徒1・5）と。そして、「あなたがたの上に聖霊が降ると、あなたがたは力を受ける。そして、エルサレムばかりでなく、ユダヤとサマリアの全土で、また、地の果てに至るまで、わたしの証人となる」（同8節）と約束しておられます。つまり、主の御生涯も、その後の教会の宣教も、聖霊に導かれていくとき、大いなる御業が成し遂げられるということです。教会の伝道的使命も、私たち個々人の信仰生涯も、聖霊によって初めて、神の御業になるということです。

聖霊の御働きには、少なくとも三つの重要なことがあります。その一つは、私たちをキリストの証人にしていく力です。それは単なるパワーではなく、私たちの全存在にかかわること。私たちが聖霊の力によって聖くされていくとき、私たちは主の証人にふさわしく整えられます。

また聖霊は私たちのために執り成してくださるお方です。「どう祈るべきか」を知らない、弱い私たちを、聖霊は「言葉に表せないうめきをもって執り成してくださる」（ローマ8・26）と約束されています。ここに教会の希望があります。聖霊なる神が私たちを聖め、用いていかれるとき、私たちの弱さ、欠け、未熟さなどは少しも妨げにはならないということを忘れてはなりません。さらにまた聖霊は、「教会を清めて聖なるものとし、しみやしわやそのたぐいのものは何一つない、聖なる、汚れのない、栄光に輝く教会を御自分の前に立たせる」（エフェソ5・26〜27）ために働いてくださいます。この地上でのキリストの証人としての私たちの宣教の奉仕は、この地上でのことで終わるのではありません。それは、「栄光の教会」として、主の御国にまで伸びていくのです。

教会はこの年、大きな転機を迎えようとしています。しかし、私たちが「聖霊の力によって」、へりくだって進みますとき、神の御業は成るのです。「希望の源である神が、信仰によって得られるあらゆる喜びと平和とであなたがたを満たし、聖霊の力によって希望に満ちあふれさせてくださるように」。このパウロの祈りが実現することを信じて、この年を共に祈りつつ進みましょう。

（2012年2月号）

3月のメッセージ

天が開けて

主イエスが公生涯に先立ち洗礼を受けられた時、「天がイエスに向かって開いた」と記されています。この「開かれた」という言葉は、「時は満ち、神の国は近づいた。悔い改めて福音を信じなさい」と言われた神の国の到来を示しています。

また、主が十字架にかかられた時、「神殿の垂れ幕が上から下まで真っ二つに裂け、……墓が開いた」と記されています。十字架が成就したことにより、「墓が開いた」、つまり十字架による死の征服、復活がもたらされる、ということです。

ヨハネの黙示録には、七つの封印された巻物が次々と開かれ、「底なしの穴」つまり陰府が開かれ、「天にある神殿」が開かれ、「天にある証しの幕屋の神殿」が開かれていくのです。それらはまさしく、御国の完成、新しいエルサレムの到来を告げ示していく光景であります。

主イエスが洗礼を受けられた時に起こったことは、こうした福音の完成の先取りであったわけです。この日より、「神の霊が鳩のように御自分の上に降って来るのをご覧になった」とありますように、主は神の聖い霊に満たされ、使命を果していかれました。

さらにまた、洗礼に際して、「これはわたしの愛する子、わたしの心に適う者」という父なる神の愛の印章を受けられたのです。主イエスの洗礼によって天が開け、閉ざされたこの世に、神の国が開かれ、そこを通って私たちが御国に入る道が備えられました。それがキリストの十字架の福音であり、キリストの復活の望みです。この福音を信じて洗礼にあずかる者に、神はキリストにあってその罪をことごとく赦し、御国の戸を開いてくださいます。また、罪の責めや咎めからも解放してくださいます。そして何よりも死の扉を開いて、私たちにキリストの復活の命、永遠の命を宿してくださるのです。

あなたもこの恵みにあずかってください。

（2005年3月号）

御言葉の力

主イエスがガリラヤのカナに来られたとき、王に仕える役人がカファルナウムからやってきて、病気の息子をいやしてくださるように頼みました。カファルナウムからカナまでは約32キロ。この役人は多分、歩いてやって来たのでしょう。息子は、「死にかかっていた」というのですから、その重い病気をいやしていただきたい一心だったと思います。

◇主イエスに求める

この役人は、「王の役人」とありますから、ヘロデ・アンティパスに仕えていた役人だったと思われます。そのような人が、王とは反対の立場にある主イエスに助けを求めるということは、彼の役人としての立場は極めて難しくなることは明らかです。しかし息子を思う親の心は、そうしたことも投げ捨てて、彼は主に助けを求めたのであります。

ここに私たちは、主イエスに求めるということは、この世のいかなる関わりをも越えていくことであることを知ります。私たちがこの世でのいろいろな関わりを優先し、重要視している限り、どんなに求めてもそれは主を求めていることにはつながらないのです。

主イエスに求めるとは、この世のいかなるかかわりを越えて、主だけにすがることです。彼はあらゆることを越えて、「主よ、子供が死なないうちに、おいでください」とお願いしたのです。彼は自分の立場、地位、身分、将来、そういった様々な関わりを投げ捨てて、この日、主イエスだけを求め、主の御前に出たのであります。これは一大決心だったと思われます。

◇御言葉への信頼

助けを求めてきたこの役人に、主イエスは「あなたがたは、しるしや不思議な業を見なければ、決して信じない」と言われました。これは、主に求めて来た彼へのチャレンジです。あなたは今、私のところに助けを求めてやってきたが、それは今までいろいろなところに助けを求めていったのと同じ程度のことですか、それとも本当に信じて私に求めているのですか。そういう主からの促しではなかったでしょうか。

人間誰しも、信じるということよりも、目に見えることに大きく動かされます。「しるしや不思議な業を見れば」それに驚いて、信じようということにもなります。しかしそんなことは信仰でも何でもないことを主イエスは見抜いておられるのです。

そうした信心は、「しるしや不思議や業」が起こらなければ、長続きしません。ですからこの役人も、「主よ、子供が死なないうちに、おいでください」とお願いしているのです。主が子どものところに来て、その前で子どもをいやしてくださるように。この役人もこの時点までは、見ることによって、その結果次第で信じよう、という程度ではなかったでしょうか。

ですから主は彼に、「帰りなさい。あなたの息子は生きる」と言われたのです。彼には目に見える何の約束も、保証もなく、何の手がかりも与えられていません。彼に与えられたのは、「帰りなさい。あなたの息子は生きる」という主のお言葉だけでした。そして「その人は、主の言われた言葉を信じて帰って行った」のです。これは驚くべきことです。彼のうちに驚くべき変化が起こったのです。彼は主のお言葉だけを信じて帰っていったのです。

ここには、主イエスのお言葉の威力がいかんなく示されています。まさしく、「十字架の言葉は、滅んでいく者にとっては愚かなものですが、わたしたち救われる者には神の力です」（Ｉコリント1・18）とパウロが述べている通りです。この役人が、主のお言葉だけを信じる人間にされたこと、これが神の御業であります。

◇復活に生かされて生きる

ここには「生きる」という言葉が3回使われて、キリストの復活の世界が暗示されています。父親が家に帰って行く途中、家から僕たちが迎えに来て、その子が生きていることを報告します。子どもの病気はいやされたのです。しかも息子の病気がよくなった時刻を尋ねると、僕たちは、「きのう午後一時に熱が下がりました」と伝え、それは主イエスが「あなたの息子は生きる」と言われたのと同じ時刻であることをこの父親は知ります。その意味では、主が言われた「あなたの息子は生きる」とは、ただ息子の病気が治って生きる、死なない、ということではなく、御言葉を信じる者が皆、生かされることでした。

病気が治るということは素晴らしいことです。しかし、人はまたいつか病気にならないとも限りません。そうした不安は誰にでもあります。けれども、イエス・キリストの復活に生かされていくことは、病を越え、死をも越えて、永遠に神の国に生かされるのです。その復活の命の支配が、ここでは「彼もその家族もこぞって信じた」という素晴らしい御業として告げられています。

私たちも御言葉の力を信じ、生活の場でそのことを体験させていただこうではありませんか。そして、主がどんなに偉大なお方であるかを、この世に証ししていきたいものです。

（2007年3月号）

主の慈しみに向かう心

エルサレムへの最後の旅を進んでおられる主イエスのところに、ある人がやって来て尋ねました。「善い先生、永遠の命を受け継ぐには、何をすればよいでしょうか。」この人は「たくさんの財産を持っていた」青年議員でした。彼は若くして頂点に上りつめたのでしょう。しかしその彼にもどうしても手の届かないこと、それが「永遠の生命」でした。これは死との関わり、どうすれば死の恐怖から解放され、死を乗り越えられるのかという大問題。ですから彼の問いは、すべての人の問いなのです。この大問題に対して、彼はこれまで努力してきたことのいわば実績をかざすようにして、「何をすればよいでしょうか」とイエス様に迫ったのです。

主は静かに仰いました。「なぜ、わたしを『善い』と言うのか。神おひとりのほかに、善い者はだれもいない。『殺すな、姦淫するな、盗むな、偽証するな、奪い取るな、父母を敬え』という掟をあなたは知っているはずだ」と。すると彼は、「先生、そういうことはみな、子供の時から守ってきました」と自信に満ちて即座に答えています。主は彼を見つめ、慈しんで言われます。「あなたに欠けているものが一つある。行って持っている物を売り払い、貧しい人々に施し……わたしに従いなさい。」「永遠の生命」は神からの賜物。人の努力や頑張りで獲得するものではないのです。

イエス様のお心は、「そんなことはとてもとてもできません」と彼が「自分にはできない」ことを深く悟って、もう一度イエス様の前にひざまずくことでした。しかし彼は、この愛の語りかけに背を向け、「この言葉に気を落とし、悲しみながら立ち去った」のです。「たくさんの財産を持っていたから」だと。この金持ちは私たち自身ではないでしょうか。「金持ち」ではなくても、何かが私たちを虜にして、イエス様に従わせないのなら、彼と同じなのです。

このところには、「わたしに従いなさい」との主イエスの招きがあります。主は彼を「見つけ、慈しんで」言われたとの愛の眼差し、慈しみがあります。「慈しむ」と訳されている語は「愛する」という聖書の重要な言葉です。彼が「殺すな、姦淫するな、盗むな、偽証するな」といったモーセの十戒に生きていた人間だったので、旧約との関連で「愛する」というよりも「慈しむ」

という表現になったのかもしれません。つまり「慈しみ」は契約に基づく愛です。そしてこの契約は旧約時代、イスラエルの民の不信仰、不従順の罪によって破られ、バビロン捕囚を経て、預言者エレミヤの「新しい契約」が主の十字架において成就したのです。

迎えました今年の「受難節」、私たちは主の前を断じて、「悲しみながら立ち去っ」てはなりません。主は今も、人間にできないことを十字架と復活を通して成し遂げ、私たちを招いておられます。「人間にできることではないが、神にはできる。神は何でもできるからだ」と。

この主の御約束を信じて、主にお従いしましょう。主の十字架を空しくしないように。

（２００９年3月号）

主にすがる素直さ

福音書には、イエス様が多くの人々の病をいやされた記事が度々出てきます。しかしそのほとんどは、病のいやしを通してその人に神の救いが届けられていきます。病のいやしは一時的なことであり、癒されたからといって必ずしもその人が救われる保証にはならないのです。ですからイエス様は病のいやしを通してその人を救いに導き、神の救いを受けることこそ、すべての人に必要不可欠なことだと教えられたのです。

愛する娘の病と死、また「12年間も出血が続いている女」の重い病、この二つの出来事を記した記事は、最初の三つの福音書に見られます。マルコとルカ両福音書には「ヤイロという名の会堂長の娘」と紹介されています。マタイ福音書では、「ある指導者」がイエス様のそばに来てひれ伏し、「わたしの娘がたったいま死にました」と訴えています。しかし彼は言うのです。「でも、おいでになって手を置いてやってください。そうすれば、生き返るでしょう」と。これはなんと驚くべき信仰でしょうか。

イエス様は弟子たちを伴ってこの人の家に出かけられます。するとその途中、「12年間も出血が続いている女」の人がイエス様に「近寄ってきて、後ろからイエス」様の「服の房に触れ」ました。マルコとルカには、彼女がイエス様の「服の房に触れた」途端に、その出血が止まったことを彼女が身に感じたと。イエス様もそのことに気づかれたのです。彼女に、「娘よ、元気になりなさい。あなたの信仰があなたを救った」と語りかけ、そして「そのとき、彼女は治った」と記されています。

イエス様は娘の家に向かわれます。そこでは、お葬式の準備が始まっている感じで、「笛を吹く者たちや騒いでいる群衆」が集まっています。イエス様は人々を家から出し、この少女の手をお取りになりました。すると少女は起き上がったのです。これまた驚くべき出来事です。12年間も長い間病に苦しんでいた一人の女性。愛する娘は12才であったとマルコとルカ両福音書は伝えていますが、可愛い盛りの娘の死に苦しむ父親。この二人に共通することは、彼らはその苦しみの状況は異なりますが、共にイエス様に単純におすがりしています。その素直さの中に、イエス様はその人たちの信仰を汲み取ってくださったのです。

死という人間には最早どうすることもできない最大の難題。12年もの長い間、治らなかった病。これらは私たち人間の限界、失望、どうすることもできない苦悩です。しかしイエス様には限界はありません。絶望もありません。なぜなら、イエス様は神の御計画の下、その限界のすべてを自ら引き受け、十字架の死というご自身の命と引き換えに大いなる救いの御業を成し遂げ、十字架の死を貫いて復活へと勝利されたからです。

私たちは信じ、従うことの不可欠さ、大切さ、重要さをよく知っています。しかし私たちの周りにはそれを打ち消していく現実があまりにも多いのです。死んだものは生き返らないという常識、12年も駄目だったのだからという諦め、私たちの思いから出てくるものは、すべて人間的なことばかりです。

しかし私たちがここに記されている聖書の事実を通して、主にすがる素直さを回復していくなら、今日の私たちにも主の十字架と復活の御業は恵みとして現実に起こるのです。そこに私たちの信仰が問われているのです。新しく主にすがりましょう。

（2010年3月号）

主の深い憐れみ

主イエスが、「大勢の群衆」にもたらされた「パンの奇跡」は、なぜ行われたのでしょうか。

◇主イエスの深い憐れみ

マタイ14章14節には、「イエスは舟から上がり、大勢の群衆を見て深く憐れみ」と記されています。主イエスの「深い憐れみ」、これこそがこの奇跡をもたらした原動力です。

この「深い憐れみ」と訳されている語は、福音書にだけ12回出てきます。そのほとんどは、神の憐れみ、主イエスの憐れみを指し示しています。重い皮膚病の人への主の「深い憐れみ」、放蕩息子を迎えた父の「憐れみ」、強盗に襲われた人に向けられた良きサマリア人の「憐れみ」、ひとり息子に先立たれたナインのやもめに注がれた主イエスの「憐れみ」などです。

その言葉は、「はらわた」から来ており、日本的表現では、〈断腸の思い〉というところです。主イエスはただ奇跡を行われたのではなく、一人一人にこの「深い憐れみ」を注がれているのです。そして主のこの「深い憐れみ」は、今も私たちに向けられています。

◇主イエスにゆだねる

夕暮れになったとき、弟子たちは主イエスに群衆を解散させてください、と進言します。すると主は、「行かせることはない。あなたがたが彼らに食べる物を与えなさい」と言われました。弟子たちはびっくりして、「ここにはパン五つと魚二匹しかありません」と答え、困り果ててしまいます。

この弟子たちの姿は、私たちの現実ではないでしょうか。五千人以上の人々がおなかを空かして待っているのです。手持ちは、「パン五つと魚二匹」。何の役にも立ちません。焼け石に水どころの沙汰ではありません。ここには私たちの現実と共に、限界も暗示されています。為す術がないのです。全くのお手上げなのです。弟子たちは沈黙する他はありませんでした。

すると主イエスは、「それをここに持って来なさい」と言われました。驚くべき御言葉です。正確には、それを、つまり「五つのパンと二匹の魚」を、ここに、私に、持ってきなさい。

私たちも、私たちの現実を、限界を、主イエスのところに持っていくべきなのです。諦めてはなりません。投げ出すのはまだ早いのです。主を信じて、私たちのすべてをおゆだねする。このことが求められています。

◇すべてのひとが食べて満腹した

20節には、「すべての人が食べて満腹した」と記されています。主イエスの御業は、すべての人に平等に与えられます。それが、罪の赦しの恵みです。

神からいただく本質的で、決定的な恵みは、主イエスが十字架で成し遂げてくださった罪の赦しだけです。これだけが、最後まで私たちを満ち足らせ、御国に導く決め手です。

目に見える、地上の何かによって満腹する。それで満足してはなりません。罪の赦しをいただいて、それで満ち足りていく。そこに真の平安があります。

（2011年3月号）

祈りの家で祈れ

マタイ福音書21章12節以下は、通常、「宮清め」と呼ばれている個所です。主イエスの十字架はもうすぐそこに迫っていました。日曜日にエルサレムに入られ、マタイ福音書ではその日に「宮清め」が行われたように記されていますが、通常は月曜日のこととされています。エルサレムに入られたイエス様が、まずエルサレムの神殿を清めることから十字架への道を進まれたということは、当時の人々の在り方は、神の御心とはほど遠いものであったことを意味しています。

信仰の中心的場とされていた神殿が神の御心にふさわしくない、世俗的な場となっていたこと、これは礼拝の退廃です。あの預言者イザヤがエルサレムの神殿で見た、「聖なる、聖なる、聖なる万軍の主。主の栄光は、地をすべて覆う」（イザヤ6・3）という神の臨在は遠のいていました。従って、人々の生活の中には、神への畏敬は稀薄であったということです。

エルサレムの壮大な神殿は、父ダビデ王がその資金や資材を用意し、その子ソロモン王によって建造されました。神殿が建てられた目的は、そこで神への礼拝をささげ、心を込めて神に祈るためでした。ですからそのことがイザヤ書には、「わたしの家は、すべての民の祈りの家と呼ばれる」（同56・7）と記されているのです。そこで真実な礼拝がささげられ、祈りと賛美が満ちあふれていくこと、これこそが神の求めておられる神の宮の真の姿です。

しかし当時のエルサレムの神殿では公然と商売が行われていました。神殿でささげる献金には、日常生活での貨幣はふさわしくないとされ、神殿側が用意したお金に両替しなければなりませんでした。そのためには当然、手数料が取られます。神殿側は手数料を取って、収益を得ていました。このことが公然と許されていたということは、当時の祭司階級が腐敗していたということです。

また、神にささげる山羊や羊、鳩などを買うための店もありました。ささげものは自分で持ってきても良いのですが、その犠牲用の動物は、無傷でなければなりませんでした。ですから祭司によって犠牲用と認められていたものが神殿で売られていたわけです。当然、神殿側に収益をもたらしました。こうした神殿での姿をマタイは預言者エレミヤの言葉を引用して、聖なる神の宮が、「強盗の巣」（エレミヤ7・11）に成り下がっていたと記しています。これはまことに嘆かわしいこと、由々しいことでした。

それではイエス様の「宮清め」は何をもたらしたのでしょうか。マタイ福音書21章の14節以下を見ますと、「境内では目の見えない人や足の不自由な人たちがそばに寄って来たので、イエスはこれらの人々をいやされた」と述べられています。イエス様の勇気ある行動によって、人々からのけ者にされ、差別されていた「目の見えない人や足の不自由な人たち」がイエス様のところに近づいて来られるようになり、イエス様によっていやされていったということです。どんなに嬉しかったことでしょうか。ここには、神を礼拝することを妨げていたすべてのものが取り除かれていったことが示されています。つまり、すべての人が何の分け隔てなく、自由に神の前に出て、礼拝をささげられるようになったこと、これはイエス様の願いでありました。

また、子どもたちまでもが、「ダビデの子にホサナ」と言って、主を賛美したというのです。このことは、イザヤ書に、「わたしの家は、すべての民の祈りの家と呼ばれる」とありましたように、神殿がすべての人に開放されたことを意味しています。その光景をイエス様は、「子どもたちが何と言っているか、聞こえるか」、と人々に注意を促し、警告しておられます。この様子もまた、イエス様の十字架の御業によって、すべての人々に主の救いがもたらされることを指し示しています。61節の「幼子や乳飲み子の口に、あなたは賛美を歌わせた」という個所は、詩編第8編からの引用ですが、幼子たちの神を賛美する世界が開かれていることを示していると言えます。

今日、私たちの教会はイエス様の目に、どのように映っているのでしょうか。教会もまた、祈りの家であることに変わりはありません。私たちはこの「祈りの家」で本当に祈っているでしょうか。皆さんにとって教会とは、どういうものでしょうか。私たちはもっともっと教会を愛し、霊と真理をもって礼拝をささげ、賛美をあふれさせ、祈りを満たし、この「祈りの家」が「すべての人」の祈りの家になるよう、伝道に励まなければなりません。

伝道の力は、真実な礼拝から生まれます。私たちを「地の塩・世の光」とする恵みはまた、「霊と真理をもって」礼拝をささげることからもたらされるのです。

（2012年3月号）

侮辱とののしりの中を

四つの福音書は、主イエスの「十字架の道行き」を記しています。ラテン語でヴィア・ドロローサ「悲しみの道」と言われます。出発点はエルサレム旧市街北東のイスラム教地区にあるライオン門付近。終着点は旧市街北西のキリスト教地区の聖墳墓教会内にあるイエスの墓までの約1キロの道で、細くて狭い路地です。所狭しといろいろなお店が軒を並べているゴタゴタした、異様な雰囲気の地域です。

主はそうした道を十字架を担いで歩かれました。どのくらい時間がかかったのか分かりませんが、町中は大騒ぎで、喧噪の飛び交う中を進んでいかれました。聖書は、「着ている物をはぎ取り、赤い外套を着せ、茨で冠を編んで頭に載せ、また、右手に葦の棒を持たせて、その前にひざまずき、『ユダヤ人の王、万歳』と言って、侮辱した。また、唾を吐きかけ、葦の棒を取り上げて頭をたたき続けた。このようにイエスを侮辱したあげく、外套を脱がせて元の服を着せ、十字架につけるために引いて行った」と記しています。

マタイ福音書には、「侮辱した」という言葉が3回、「ののしった」という言葉が2回出てきます。自分たちを救うために十字架への道をたどられる神の御子を人々は侮辱し、ののしり続けた。主イエスの十字架は、人間のそうした罪をことごとく暴き出していきます。

その意味で私たちは、主イエスの十字架に思いを馳せるとき、まずこの「侮辱した」という言葉に表されている私たちの罪を深く思わなければなりません。人間の言葉は恐ろしいほどの力を持っています。言葉には、人を慰め励ます力があります。あの人の一言が、私を救ってくれた。そういうことも少なくありません。その反対もあります。

要するに、主が十字架、つまり私たちの罪を背負ってヴィア・ドロローサを進まれたとき、その罪の最たるものが人間の「侮辱」と「ののしり」であったということです。主の心はどれほど傷つき、痛めつけられたことでしょう。

そうしたことを記しながら、聖書は、慰めに満ちたキレネ人シモンのことを記しています。マルコとルカは、彼が「田舎から出てきた」と記しています。彼はこの日、偶然にもローマの兵士に命じられて、無理やり主の十字架を担がせられたのです。主に代わって十字架を担ぎ、主の後から歩いて行きました。そうすることによって、彼は主に従う人の役割を指し示す人になりました。大勢の人々の「侮辱」と「ののしり」の中を進まれる主に従うことを通して、彼は主の側に立つ人間にされたのです。主は、十字架の道行きの中で、一人の人間を神の国に捕えられた、と言ってもいいかと思います。

マルコ福音書だけが、「アレクサンドロとルフォスとの父でシモンというキレネ人」と紹介しています。ということは、このシモンはこの後、クリスチャンになり、その子、アレクサンドロとルフォスも信仰に導かれたと考えられます。ローマ人への手紙の終わりの方でパウロは、「主に結ばれている選ばれた者ルフォス、およびその母によろしく。彼女はわたしにとっても母なのです」と述べています。シモンの妻は、パウロが「彼女はわたしにとっても母なのです」というほどの信仰の人になったということで、驚くべき恵みです。無理やりであっても、主の十字架を担うということはそれほど重大な、また祝福に満ちたことであります。

私たちはどのような道を通らせられるのでしょうか。人々の冷たい非難攻撃、「侮辱」と「ののしり」の中を通らせられても、またシモンのように無理やりであっても、それが「十字架の道行き」でありますなら、そこを主が共に歩いてくださっている。そしてそこから祝福が流れ出ていく。そのことを覚え、信仰の旅路を導かれてまいりましょう。

（2013年3月号）

良い羊飼い

主イエスは、たとえによって人々の神の国の奥義を教えていかれました。その中でも、「放蕩息子」のたとえや「迷い出た羊」のたとえは、最も有名で、多くの人々に親しまれています。

◇羊に見る人間の姿

ある羊飼いが百匹の羊を持っていて、そのうちの一匹が迷い出たという話です。ここには私たち人間が「羊」にたとえられています。しかもその羊は迷いやすい、つまり人間とはそういう存在であるということです。

聖書に登場してくる最初の人間は「アダム」です。これは「土」、アダマーと関係させられていて、人間が「土」から造られた脆い、壊れやすい存在であることを意味しています。昔は土葬でしたから人が死ぬと大地に埋葬して土に返しました。人間は「土」から造られ弱くはかない存在で土に帰る、死すべき定めにある存在ということです。

しかし神は人間をそのようにお造りになったのでしょうか。創世記の冒頭には天地創造のことが述べられ、いろいろな被造物が造られたとき、神はそれらを「良しとされた」とあります。しかもこの土から造られた人間に神は、「命の息を吹き入れ」、「人はこうして生きる者となった」と記されています。しかしそのような人間が神から与えられた自由意思を悪用し、罪を犯してしまいます。そのことによってアダム以後のすべての人間は罪人となってしまいました。人間の代表として造られた人間アダムの罪によって、全人類にその罪は今日も及んでいます。罪を犯すから罪人なのではなく、罪人であるから人間は罪を犯すのです。

しかし迷いやすい、弱くはかない人間には神の息、つまり神の霊が「吹き入れられている」、「神の霊が注がれている」、そこに人間は他の被造物と違う神の尊厳が与えられている、かけがえのない、尊い一人一人である。これが聖書の人間理解です。主が語られた「迷い出た羊」のたとえを通して私たちは、そうした人間の問題を考えさせられます。

◇「迷い出た羊」を捜し出す羊飼い

主イエスのたとえは、そうした「迷い出た羊」、私たち罪人を捜し求める羊飼いがいるという事実を教えています。まだ99匹もいるのだから1匹ぐらいは仕方がない、春になればまた子羊が生まれるだろう。主はそのように考えておられません。「九十九匹を山に残しておいて、迷い出た一匹を捜しに行く」羊飼いがいると。

ここにはまず、羊と羊飼いの関係が述べられています。羊は羊飼いなくしては生きていけません。そのように、私たち人間も造り主なる神を離れて生きていくことはできないのです。聖書のこの羊と羊飼いの不可欠な関係を通して私たちは、人間は神に創造されたものであり、その人間が生きていくということは、神との関係なくしてあり得ないことを知らなければなりません。

しかし人間の歴史はこの造り主を忘れて無視し、自分を神とし、お金を神とし、罪に罪を重ねて今日に至っています。私たちが目覚めて神との関係を取り戻し、回復していくなら、人間は神との交わりを通して人とも交わり、喜びの存在になれるのです。

◇良い羊飼い

主イエスはなぜ迷い出た1匹の羊を見つけるまで捜し続けてくださったのでしょうか。なぜ、どうしようもない私たち罪人を救うために、罪のないその尊い命をささげて十字架におかかりになったのでしょうか。それはただ一つ、神の愛をこの世に宿し、私たちに注いで私たちを罪と滅びの中から救い出すためでした。主のこの愛が、迷い出た1匹の羊に注がれた神の愛なのです。イエス・キリストのこの愛に出会うとき、私たちは自分が迷い出ている罪人であることを知らされます。そして罪を悔い改めて十字架を仰ぎ、信じるとき、すべての人が例外なく救われるのです。何と感謝なことでしょうか。

（2014年3月号）

4月のメッセージ

わが心に復活の主を

今年も主の御復活を迎え、お祝いできますことは、かけがえのない恵みです。今日の私たちには、御言葉に明らかなように、主の御復活は自明の理です。しかし主の御復活をそのように、安易に受け止めてはなりません。

復活は、主イエスが私たちのどうすることもできない罪と戦い、死と陰府に勝利されてもたらされた決定的な恵みです。それが、「陰府にくだり、三日目に死人のうちよりよみがえり」と告白される意味です。

◇不信への勝利

主が復活された午後、二人の弟子がエルサレムからエマオへと向かっていました。復活の主はこの二人のためにわざわざ同道してくださったのです。しかし、彼らは主の復活が信じられず、深い失意の中で、暗い顔をして歩いていました。心に平安がないということは、すべてが空しいだけでなく、すぐ側におられる復活の主を認められないという悲惨なこと、また致命的な損失なのです。しかし主は、そのような彼らに愛をもって接し、御言葉を示し、彼らの不信を希望に移し変えてくださいました。

その意味で、主の御復活を信じるということは、主が私たちの不信をこそ征服してくださったことへの告白、賛美なのです。主のそのような御愛と忍耐なくして、私たちは主の御復活を信じることはできないのです。この復活の日、あなたの不信も征服され、赦され、信仰に移し変えられていることを感謝しましょう。

◇燃える心

夕刻近く彼らはエマオへ到着しました。復活の主はなおも先へ行こうとされる様子だったので、二人は「無理に引き止め」ています。もちろん、まだそのお方が復活の主であるとは知らないのです。

彼らのそうした思いを主はくみ取られたのでしょう。夕食の席では主御自身が自ら「パンを取り、賛美の祈りを唱え、パンを裂いてお渡しになった」と聖書は伝えています。

その時はじめて、彼らの目が開け、そのお方が復活の主であることが分かったのでした。彼らはその時の思いを、「道で話しておられるとき、また聖書を説明してくださったとき、わたしたちの心は燃えていたではないか」と述べています。

復活の主は今、信仰によって私たちの心に生きているでしょうか。そこからすべてが始まるのです。

（２００４年４月号）

本当に主は復活して

「そして、キリストが復活しなかったのなら、あなたがたの信仰はむなしく、あなたがたは今もなお罪の中にあることになります。」（Ⅰコリント15・17）

パウロは、「キリストが復活しなかったのなら」と繰り返し語っています。もしそうだとしたら、「わたしたちの宣教は無駄であるし、あなたがたの信仰も無駄です」と。またもしそうだとしたら、「わたしたちは神の偽証人とさえ見なされます。……あなたがたの信仰はむなしく、あなたがたは今もなお罪の中にあることになります。……そうだとすると、キリストを信じて眠りについた人々も滅んでしまったわけです。……わたしたちはすべての人の中で最も惨めな者です」と語気を強めています。つまり、もしキリストが復活しなかったのなら、キリスト教のすべては瓦解するということです。私たちが、「今もなお罪の中にある」ことになるとは、考えただけでもぞっとします。

しかし感謝なことにはキリストは死者の中から復活させられ、勝利者となられました。「死は勝利にのみ込まれた。死よ、お前の勝利はどこにあるのか。死よ、お前のとげはどこにあるのか。」

これこそパウロの信仰の確信でした。ですから彼は、「わたしたちの主イエス・キリストによってわたしたちに勝利を賜る神に、感謝しよう。わたしの愛する兄弟たち、こういうわけですから、動かされないようにしっかり立ち、主の業に常に励みなさい。主に結ばれているならば自分たちの苦労が決して無駄にならないことを、あなたがたは知っているはずです」と主の教会を激励していったのです。

キリストの復活のゆえに私たちはすべての罪が赦され、神の子とされ、罪責とその支配からも解放され、御国を目指して聖なる道を歩む者とされています。そして何よりも死とその恐怖から解放されているのです。この大いなる恵みをこのイースターに高らかに賛美しましょう。またこれほどの偉大な福音を一人でも多くの人々に伝えようではありませんか。

私たちはこの主の御復活にもっと驚き感謝し、圧倒されてしかるべきではないでしょうか。この喜びが私たちの内に満ち満ち、溢れ出ますように！

（2007年4月号）

大祭司、主イエス

私たちは死ということに向き合わされますとき、どうすることもできない空しさ、無力さを覚えます。しかし御言葉にはキリストが、「神の恵みによって、すべての人のために死んでくださった」（ヘブライ2・9）と記されています。ここには、死が恵みと関係付けられています。罪なき神の御子が私たち罪人のために死んでくださった。そのことのお陰で、死ということは恵み、つまり神の御業に結ばれる意味ある死に変えられるということです。

私たちには自分の力ではどうすることもできないものがあります。「死の苦しみ」、「死の恐怖」。だれ一人この苦しみや恐怖から解放されることはできません。人生には苦しみや恐怖はつきもので、いろいろな対処の仕方があることでしょうが、この「死の苦しみ」、「死の恐怖」は誰もそれに打ち勝つことはできないのです。ですから聖書はそうした事柄について、「死をつかさどる者、つまり悪魔」と表現し、「死の恐怖のために一生涯、奴隷状態にあった者たち」と述べているのです。

なぜこの死という問題が悪魔そのものであり、私たち人間を奴隷の状態に陥れていくほどのことなのでしょうか。聖書はそれこそが、私たち人間が神と切り離されている罪の実態であると指摘しているのです。

しかしこの断絶、深い淵に唯一の橋が架けられました。それが「憐れみ深い、忠実な大祭司」と記されているイエス・キリスト御自身です。主イエスが「憐れみ深い」というとき、それは神の私たちに対する祝福を示し、一方、「忠実な」とは神に対して主が私たちに代わって忠実であることを貫いてくださったことを示しています。そして主の「憐れみと忠実さ」は十字架によって実現しました。ですから私たちの罪はそのことによって完全に償われ、罪赦され、罪責からも解放されているのです。主イエスは、「事実、御自身、試練を受けて苦しまれたからこそ、試練を受けている人たちを助けることがおできになるのです」と約束されています。今、何か試練を受けているでしょうか。主は「試練を受けている人たちを助けることがおできになる」お方なのです。そのことを信じて、主の平安をいただきましょう。

いつの日にか私たちもこの地上の役目を終えて、死に臨む時が来ます。その最大の試練の時にも死んで復活されたお方があなたを「助けることがおできになる」救い主なのです。

そう信じて進む時、私たちにも主イエスの十字架によるうるわしの御国への架け橋が見えてきます。橋は渡るためのものです。主を信じて、大胆に主が架けてくださったこの橋を渡って行こうではありませんか。

（2008年4月号）

復活信仰の伝達

イースターおめでとうございます！　私たちは今日、このように主イエスの御復活を感謝し、その喜びを分かち合います。しかし、主が復活されたその当時、弟子たちを始めほとんどの人は、主の御復活を信じることはできませんでした。そしてこの「信じなかった」という事実は、今日の私たちも同じ思いではないでしょうか。

主の御復活はそれほど、人間の知識や理解を遥かに超えた、神の秘儀です。秘儀は信ずる以外には分からない神御自身の領域に属する事柄です。しかしこの二千年、教会は聖霊の御業として誕生し、主イエスの御復活を信じた人々がその信仰を伝達し、主と教会に仕えつつ復活の恵みをこの世に宣べ伝えてきました。

伝道者パウロは、「最も大切なこととしてわたしがあなたがたに伝えたのは、わたしも受けたものです。すなわち、キリストが、聖書に書いてあるとおりわたしたちの罪のために死んだこと、葬られたこと、また、聖書に書いてあるとおり三日目に復活したこと、ケファに現れ、その後十二人に現れたことです」（Ⅰコリント15・3〜5）と証ししています。この「伝えたのは、わたしも受けたもの」という伝達・伝承の関係こそは、教会が迫害や弾圧など時代のいかなる風雪にも屈することなく主の福音を証ししてきた確かな営みです。

主の晩餐もまたそのようにして制定され、受け継がれてきました。「わたしがあなたがたに伝えたことは、わたし自身、主から受けたものです。すなわち、主イエスは、引き渡される夜、パンを取り、……」（Ⅰコリント11・23）主の御復活など到底、信じられなかった只中にあって、僅か一握りと思える人々が主の復活を大胆に信じ、それを確かな命として次の人に手渡していった。そこに復活信仰はキリストにある神の救いの歴史として語り継がれ、伝達・伝承されていったのです。

ですから復活の主は、この復活の喜びの音信《おとずれ》を、「全世界に行って、すべての造られたものに福音を宣べ伝えなさい」と命じられました。これは神からの一大宣教命令です。「信じて洗礼《バプテスマ》を受ける者は救われるが、信じない者は滅びの宣告を受ける。」これは実に厳かなこと。「滅びの宣告を受ける」とは単なる滅びではなく、〈罪ありと宣告されて〉滅びることで救いが全くないことです。神の御心は「すべての人が救われて真理を知るようになること」（Ⅰテモテ２・４）です。

この年は、プロテスタント宣教150年です。今から135年前の１８７４年10月、アメリカメソジスト基督教会からの日本への最初の宣教師として23歳の女性ドーラ・E・スクーンメーカーが単身、派遣されました。一ヶ月後の11月16日に麻布に一軒家を借り、「女子小学校」を開いた。これが今日の青山学院の源流の一つで、その日は学院の創立記念日になっています。

私たちにも、何かのお役目が託されているのではないでしょうか。

（２００９年４月号）

復活こそ希望！

「信じない者ではなく、信じる者になりなさい」（ヨハネ20・27）

主イエスが復活された夜、ユダヤ人を恐れて家に鍵をかけて閉じこもっていた弟子たちのところに主はお出でになり、御自分が復活されたことを身をもって示されました。その時の光景を聖書は「弟子たちは、主を見て喜んだ」と伝えています。

しかし、その晩そこに居合わせなかった弟子の一人トマスは、皆が喜べば喜ぶほど一人取り残されたような思いで、「あの方の」と反論しています。こういう経験は、私たちにもあるのではないでしょうか。主の御復活ということを、トマスは知的に分かろうとしたのかも知れません。あるいは理性的というか、科学的、実証的、常識的、経験的に考えていく。主の御復活は私たちの人知を遥かに超えた神の領域、霊の御業の出来事です。それを人間の側からどんなに突き詰めていっても、頭で分かる事柄ではありません。このことは復活の問題だけでなく、主イエスを信じるという点についても同じです。頭で理解しよう、納得しようとしてもそれは不可能なことです。

主イエスは復活一週間後、今度はトマスも一緒にいる弟子たちのところに再び来てくださいました。わざわざ、トマス一人のために来られたとも考えられます。なぜなら、トマスにだけ語りかけておられるからです。「トマスよ、あなたの指をここに当てて、わたしの手を見なさい。また、あなたの手を伸ばし、わたしのわき腹に入れなさい。信じない者ではなく、信じる者になりなさい」と。主イエスのこのお言葉にトマスは感極まって、「わたしの主、わたしの神よ」と主への信仰を言い表しています。

何がトマスにそのような信仰の告白をさせたのでしょうか。もちろんそれは主イエスのトマスに注がれた激しい愛です。トマスの「わたしは決して信じない」という思いに対して主は、「信じない者ではなく、信じる者になりなさい」と、トマスの中にうごめいている「信じない」という心、その思いを否定してくださっているのです。

そしてトマスをそこから、「信じる者になりなさい」と、信じる者へと招き、呼び出し、「信じない」という否定から、「信じる」という肯定へと、復活の新しい命へと押し出してくださったのです。これは実に驚くべき出来事です。「神を信じる」ということは、私たちの側の何かに基づくことではありません。確かに私たちが信じるのですけれども、神御自身がイエス・キリストを通して私たちを「見ないで信じる」という信仰の世界に移し変えてくださる恵みの御業なのです。

主イエスの御復活を祝うということは、私たち一人一人が主の御復活の大いなる出来事、神の御業を信じる、そのような存在に変えられていくことです。しかもそのことは、「見ないのに信じる人」とされていくことです。つまり、見るという何かに支えられてではなく、それは「見ないのに信じる人は、幸いである」との主イエスの御約束を信じるということです。

教会はこの二千年、この神の御約束、御言葉に立ち続けて導かれて来ました。時代はますます混迷以上の危機にあります。私たちは今こそ主イエス・キリストの復活にこそ希望があることを、確信をもって人々に届けていこうではありませんか。

（２０１０年４月号）

揺り動かされない御国

人間の歩みを聖書に尋ねていきますと、平穏無事な日々よりも試練や苦難、また迫害の歴史が浮かび上がってきます。今朝開かれていますヘブライ11章は信仰者の列伝の記録です。

アベルに始まり、ノア、アブラハム、イサク、ヤコブと続いていきます。さらにモーセ、そしてヨシュアによるエリコの陥落、さらに32節以下に進みますと、「これ以上、何を話そう。もしギデオン、バラク、サムソン、エフタ、ダビデ、サムエル、また預言者たちのことを語るなら、時間が足りないでしょう」と。そして多くの信仰者たちが、「釈放を拒み、拷問にかけられ」、「鞭打たれ、鎖につながれ、投獄され……石で打ち殺され、のこぎりで引かれ、剣で切り殺され、羊の皮や山羊の皮を着て放浪し、暮らしに事欠き、苦しめられ、虐待され、荒れ野、山、岩穴、地の割れ目をさまよい歩きました」と痛ましい苦難の様が紹介されています。しかも、「この人たちはすべて、その信仰のゆえに神に認められながらも、約束されたものを手に入れませんでした」とあります。つまり多くの人たちは、この地上では報われることは少なかったというのです。

そのような目に遭いながらも、なぜ彼らは信仰を捨てることをしなかったのでしょうか。それどころか、ますます信仰から信仰へと熱く燃えて、すべてのことを耐え忍びながら、その信仰を全うしていった、その秘密はどこにあったのか。聖書は彼らが、「目に見えない方を見ているようにして、耐え忍んでいたからです」（ヘブライ11・27）とあるモーセの生涯と同じ信仰の歩みをしていったこととしています。地上の営みの中で、言語に絶した試練、苦難、迫害の中を彼らは地上を越えた御国に心を定め、そこに希望をおいて日々の戦いに挑戦していったのです。

この度の大震災で被災された方々のことが連日、詳しく報道されています。そうした報道によって、いろいろなことが少しずつ見えてきます。原発のこともさることながら、被災者間の「格差」ということも取り上げられていました。自分ひとりしか助からなかった方、家族全員が助かった方。全てを失った方、家はそのまま残った方。支援物資が届かない地域、十分あるところ等々。しかしこうしただれにもどうすることもできない出来事のただ中で、私たちは平等を求めるよりも、一人一人が自分の状況に向き合い、取り組む以外にはないはずです。そして皆さんがそのように、懸命に力を合わせて耐えに耐えて、身を処しておられる様子が伝えられ、私たちもまたテレビの画面に声をかけ、声援を送る思いで過ごしております。

◇天が揺り動かされる日（26節）

ヘブライ人への手紙の著者はイスラエルの民の歴史に見る試練、苦難、迫害などを記しながら、12章の26節以下で、「あのときは、その御声が地を揺り動かしましたが、今は次のように約束しておられます。『わたしはもう一度、地だけではなく天をも揺り動かそう』」と述べています。

これは、世の終わりの光景、最後の審判の様子です。聖書は、この地上の営みは永遠に続くのではないこと。人間の営みを始められたお方はそれに終わりをもたらされること。聖書はこの実に厳かな、「世の終わり」、「終末の日」を明記しています。

私たちはこの度のような出来事を通して聖書の示す「終末の日」が必ず来ることをしっかり心に留めておく必要があります。その日、その時が来て、「御主人様、御主人様、開けてください」と言っても、もう遅いというときが来るということです。

◇**揺り動かされない御国を受けている**（28節）

しかし聖書は、私たちは「揺り動かされることのない御国を受けている」という事実を明記しています。「世界は固く据えられ、決して揺らぐことはない」と詩編に歌われていますが、この世界とは地上のことではなく、新約から見ますならイエス・キリストの十字架と復活によって為し遂げられた「神の国」のことであります。この二千年間、地上の教会は迫害の嵐にも、過酷な弾圧の中も、揺り動かされませんでした。いや、揺れに揺れたのです。しかし、「神の国」は揺り動かされなかったのです。おびただしい人々が殉教によってその尊い生命を奪われました。しかし「キリストの御国」「神の国」は費えなかったのです。

◇「**感謝しよう**」（28節）

ここには、「感謝しよう。感謝の念をもって、畏れ敬いながら、神に喜ばれるように仕えていこう」という神からの励ましがあります。感謝できないときに感謝すること、それが本当の感謝です。ここに使われています「感謝」という言葉は、「恵み」という語と同じです。「恵み」とは、私たちが主イエスの十字架と復活に生かされ、全ての罪が赦され、心の思いまで聖められ、神の子とされて、「揺り動かされることのない御国を受けている」という事実です。この恵みに日々新しく感動している限り、感謝は自ずと生まれ出てくるはずです。

この恵みを本当に信じている人には、感謝しつつ「神に喜ばれるように仕えていこう」という、新たなる希望が湧いてくるのです。何と希望に満ちたことではありませんか。（２０１１年4月号）

信仰の急所

ある「律法の専門家」がイエス様に、「先生、律法の中で、どの掟が最も重要でしょうか」と尋ねました。当時のユダヤ教には、律法を守るために６１２の掟があったと言われます。そんなにあってはかなわないから、どれが一番重要かを教えて欲しい。せめてその一番の掟だけは守りたい、という思いがあったのでしょう。

イエス様は彼に教えられました。『『心を尽くし、魂を尽くし、力を尽くして、あなたの神、主を愛しなさい』、これが最も重要な第一の掟である。第二も、これと同じように重要である。『隣人を自分のように愛しなさい。』律法全体と預言者は、この二つの掟に基づいている」と。最も重要な第一の掟は、申命記6章5節に、第二の掟はレビ記19章18節に記されています。レビ記には、「自分自身を愛するように隣人を愛しなさい。わたしは主である」とあります。そして「律法全体と預言者は、この二つの掟に基づいている」、これがイエス様の教えでした。

「律法全体と預言者は、この二つの掟に基づいている」ということは、今日から申しますなら、聖書の中心は、神を愛し、隣人を自分のように愛する。このことは二つに表現できるが、実は一つであるということです。「神を愛する」ということは神が愛しておられる「隣人を愛する」こと。「隣人を自分のように愛する」ことは、愛の源である神を愛することに立ち返ることになるわけです。実に明快です。しかし誰がこの掟を実行することができるでしょうか。とてもとても、難しいことです。しかし私たちはここで、私にはそんな掟を守ることはできません、と引き下がることは許されないのです。なぜなら、イエス様がその尊い命をささげ、十字架の死を通して私たちを贖い、救い出してくださったからです。

では、どうすればこのイエス様の語りかけに応えていくことができるのでしょうか。そのことを解く鍵は、「自分自身を愛するように隣人を愛しなさい」という御言葉にあります。これは、自己愛が無条件で肯定されていることではありません。自分を愛するということは、私たちは人に言われなくても、当たり前に実行しています。それは神が愛の神であり、独り子を十字架にゆだねてまでも私たち罪人を愛してくださっているからです。
なぜ私たちは自分を愛しているのに隣人を愛せないのか。それが人間の罪の問題です。私たちが神を信ぜず、キリストに救われていない限り、私たちの自己愛は、本来の姿を完全に見失っているのです。ですからこの罪を本当に自覚し、神の前に悔い改め、十字架を仰いで赦しをいただき、神に愛されている自分を回復され、隣人への愛も回復させられていくことです。これが信仰の急所なのです。私たちがイエス様を信じていく、この信仰を回復していくとき、私たちの信仰は急所をとらえたということになるのです。

（2012年4月号）

そこでわたしに会う

キリストが復活させられた朝、墓にやってきた婦人たちに天使を通して告げられた神の御心は、「恐れることはない。十字架につけられたイエスを捜しているのだろうが、あの方は、ここにはおられない。かねて言われていたとおり、復活なさったのだ」という驚くべき知らせでした。

◇恐れることはない

復活祭を迎えた私たちも、「恐れることはない」という主のこの御声を聞く必要があります。キリストが復活させられた以上、私たちが恐れるべきものはこの世にはないのです。そして「あの方は、ここにはおられない」というキリスト復活の事実を信じることです。「ここ」つまり墓は私たちの終着駅ではなく、復活への門口であるということです。そしてこの約束は、キリストを自分の救い主と信じるすべての人に約束させられている希望のメッセージなのです。

◇そこでわたしに会う

特に心に留めたいことは、復活の主は、「恐れることはない。行って、わたしの兄弟たちにガリラヤへ行くように言いなさい。そこでわたしに会うことになる」と言われた主のこの御言葉です。「そこでわたしに会うことになる」とは、ガリラヤで復活の主に再会できるという約束です。そして事実、このことは実現しました。

なぜ復活の主は「ガリラヤ」を指定されたのでしょうか。それは、ガリラヤは弟子たちが最初に主イエスに出会った場所だからです。そこで彼らは主に声をかけられ、弟子として召されました。ですからガリラヤは、言わば彼らの原点なのです。主が捕らえられた時、「弟子たちは皆、イエスを見捨てて逃げてしまった」のです。何ということでしょう。でもこれが私たち人間の現実ではないでしょうか。誰も弟子たちを責められません。その彼らを赦し、受け入れ、もう一度チャンスを与えるために、主はガリラヤに赴き、弟子たちと再会してくださるというのです。何という、慰めと希望に満ちたことでしょう。

◇御国での再会

この「そこでわたしに会うことになる」との約束は、私たちが天の御国において、復活の主にお会いできるという希望の約束でもあるのではないでしょうか。なぜなら、主が復活させられたということは、主イエスを信じる者には死が終わりではないからです。死んで、火葬に付され、納骨されて、それでおしまいという世界は聖書にはありません。聖書は一貫して、キリストの復活を証しし、主を信じる者が皆、だれ一人例外なく、キリストの復活にあずかれることを繰り返し宣言しています。

主イエスを神の子、救い主と信じる者に主は御自身を示してくださいます。そして天のガリラヤで再会の時を与えてくださいます。このことを信じましょう。

（２０１３年４月号）

5月のメッセージ

教会創立満70年

教会創立時の様子がどうだったのか、当時の資料がホーリネス弾圧によってほとんど失われている今、知ることはできません。僅か14坪の家屋を月35円で借り受けての伝道は、何もないところからの出発に等しかったことでしょう。

しかし、無から有を呼び出し、「こんな石からでも、アブラハムの子たちを造り出すことがおできになる」（マタイ3・9）神は、主を愛し主に従う者たちを用いて、主の教会を誕生させられたのでした。そして神は戦時下の弾圧の中もその群れを守り、二度にわたる会堂建築をゆるし、今日の教会へとはぐくみ育て、70年の記念日を迎えさせてくださいました。「主にハレルヤ！」と御名を崇めずにはおれません。

教会の明日に想いを馳せます時、社会では高齢化はますます加速し、少子化の傾向にあります。そのような中、一人一人の信仰が聖書的に豊かにされ、主の聖前に立つ日を望み見ていかなければなりません。信仰の終りを全うすることは容易なことではないはずです。教会にはそうした方たちへの責任があります。

と同時に、幼な子や青少年への信仰の確かな継承に意欲的に取り組む必要があります。感謝なことに今教会には、赤ちゃんから就学前のお子たちが大勢集っています。みんなで祈りつつ、一人一人がキリストに出会えるよう、愛を注いでいきましょう。

神の方法はいつも人を用いてなされます。その人とは、聖められた人、「〝霊〟と知恵に満ちた評判の良い人」（使徒6・3）です。この「評判の良い人」とは、その言葉が示すように、キリストの証人としての実質を備えている人のこと、殉教の覚悟のある人ということです。回顧的でなく、前に向かって、教会に与えられている使命をみんなで確認し合いましょう。また神の家族としての実を挙げつつ、教会が楽しいところであるよう、より一層、心を用いたいものです。

（2005年5月号）

主の偉大な御力

「最後に言う。主に依り頼み、その偉大な力によって強くなりなさい。」（エフェソ6・10）

主イエスの御復活が真っ先に告げ知らされたのは、主の弟子たちにではなく、かつて「七つの悪霊」に悩まされていたマグダラのマリアでした。過去に負い目を持ち、悩み苦しんでいた一人の女性、しかし彼女は主イエスに出会い、その愛を受け、過去のすべてに赦しと解放を与えられ、主に従う者と変えられたのでした。

彼女は主が十字架へと進まれるその場面にも「遠くから見守っていた」と聖書は伝えています。埋葬に際しても、「イエスの遺体を納めた場所を見つめていた」とも記されています。そして主が復活された朝早く、他の女性たちと共に、墓に出かけて行ったのでした。誰もが期待しなかったようなこの女性に、主は信頼を寄せて、御自分が復活されたこの大いなる出来事を告知し、託されたのです。

このマリアを言わば手がかりとして、主の弟子たちが、復活の出来事を信じるようにと、導かれていきました。おじ惑う弟子たちに、主は親しく御自身を顕し、「恐れることはない」と優しく御声をかけ、「信じない者ではなく、信じる者になりなさい」と励まし、御自身の限りなき愛の中へと招いてくださったのです。その意味で主の弟子たちは、復活の主の御力にいやされ、強められ、恐れと不信の中から主の復活の証人として立つ者へと変えられ、新しくされていったのであります。

パウロはエフェソの信徒に手紙を書き送り、「主に依り頼み、その偉大な力によって強くなりなさい」と勧めています。この「偉大な力」こそ、主イエスを死者の中から復活させられた神の偉大な力です。私たちが復活の信仰に固く立つとき、この「偉大な力」は私たちにも豊かに与えられるのです。その偉大な力によって、「強くなりなさい」とは、自分で強くなることではありません。人間にはそのような力はありません。これはその言葉が示しているように、神によって強くされるという意味です。

私たちの浅草橋教会では、このイースター礼拝において、小学5年生の少年が、イエス・キリストを自分の救い主と信じて洗礼にあずかりました。生まれる前から祖父母を始め、教会の皆さんに祈られ、この世に遣わされ、愛されてきました。そして、両親に連れられ、毎週のように朝の礼拝、夕べの集会、週半ばの祈祷会に出席してきました。

また毎週、教会学校にも出席し、先生たちの祈りと教えを受けてきました。その他、両親に連れられてこの10年近く、教会の伝道地の一つ、的場家で月一回持たれている「森下いつくしみ集会」にも連なってきました。そのような一つ一つのことが主に受け入れられたのです。そこにも私たちはキリストにある神の偉大な力の現われを知ることができます。御子を通して十字架の御業を成し遂げ、罪を赦し、死を滅ぼし、征服し、御子を死者の中から復活させられた神の偉大な力がこれから先、この少年を通してこの世に必ずや伝えられていくことでしょう。

ハレルヤ！　と主の聖名をほめたたえずにはおれません。

（2006年5月号）

主の霊に生かされつつ

初夏の風がさわやかに吹く頃、毎年、ペンテコステを迎えます。ペンテコステは神の霊が注がれ、歴史的な意味において教会が誕生した日です。ですから、ペンテコステは「聖霊降臨日」と呼ばれるのです。

聖書ではこの霊は、風を意味する言葉です。五月の空に色とりどりに泳いでいる鯉のぼりは、風がなければだらりと下がったままで、物悲しい姿です。しかし風が吹いてくると悠然と大空に身を任せ、子らの幸せを願うシンボルともなります。

主イエスは、「命を与えるのは〝霊〟である。肉は何の役にも立たない。わたしがあなたがたに話した言葉は霊であり、命である」と教えられました。パウロもまた、「神はわたしたちに、新しい契約に仕える資格、文字ではなく霊に仕える資格を与えてくださいました。文字は殺しますが、霊は生かします」と語っています。

こうした言葉は、人間はこの霊をいただかない限り命を持たないこと、生かされないことをはっきり示しています。このペンテコステに、私たちはもう一度新しく、自分は何によって今、生かされているのか。このことを本気で考えてみる必要があるのではないでしょうか。

◇心の思い

ローマ書8章は、ローマ書の中心と言われるほど、重厚な内容です。それはまた、聖書全体の中核にも匹敵するほど、福音の豊かな内容を伝えています。最初の部分には、「霊の思い」と「肉の思い」が対比されていますが、これは安易な霊肉二元論ではありません。

そこでの「肉」とは人間中心、自己中心的な人間の姿、まさしく聖められていない人間の罪そのものであります。パウロは、私たちの心の思いがこの「肉の思い」である限りそれは死で、「肉の思いに従う者は、神に敵対しており」、神の律法に従っていないし、従いえないのだと述べています。しかしそれに対して、「霊の思い」、つまりイエス様を中心に考えていく生活は、「命と平和」であり、神に喜ばれる生き方となって現れることを教えています。

イエス・キリストの復活をまだ信じることのできなかった弟子たちは、「ユダヤ人を恐れて、自分たちのいる家の戸に鍵をかけていた」と言われています。それは自分たちの思いの中に閉じこもらざるをえない人間の恐れと不安、弱さと無力さです。そこには「霊の思い」は全く見られません。

彼らは主の弟子として選ばれ、およそ3年半の間、その膝元で朝に夕に主の薫陶を受け、主の愛をいただいて、豊かな指導を受けていたはずです。しかし主が十字架に連れ去られたとき、彼らの信仰の内実はお粗末で、「霊の思い」とは程遠いものであることが暴露されたのでした。

◇神の聖い霊

ペンテコステは、そのような彼らが、「肉の思い」を聖別されて、「霊の思い」に満たされ、導かれるようになった決定的な転機の日でした。そうした彼らの内なる変化をもたらしたものを、このローマ書8章11節は、「イエスを死者の中から復活させた方の霊が、あなたがたの内に宿っているなら、キリストを死者の中から復活させた方は、あなたがたの内に宿っているその霊によって、あなたがたの死ぬはずの体をも生かしてくださるでしょう」と告げています。

つまりそれが、「イエスを死者の中から復活させた方の霊」なのであると。ここにはペンテコステの日に降った神の霊は、「イエスを死者の中から復活させた方の霊」と同じ霊であることが明らかにされています。もっと申せば、神の聖い霊は、主の十字架と復活というこの大いなる御業と不可分に結びついているということを示しているのです。ですから私たちが主の十字架によって私のすべての罪が完全に赦され、主の復活によって罪の責めから解放され、死からも解放され、神の子とする霊を受けたと信じていくとき、私たちもまた、「神の霊によって導かれる者」なのです。

ペンテコステの日を期して、弟子たちは全く一変させられ、主の復活の証人として、福音宣教に邁進していきました。それは彼らが何よりも、神の霊によって生かされたことの証拠です。彼らはエルサレムを始め、至るところで主の証人として命を賭して福音の宣教に励み、主の体なる教会を形成していきました。迫害されてもむしろ、彼らは生かされ続けていったのです。それは、主イエスの十字架と復活を成し遂げられた神の霊が彼らの内にも宿っていたからであります。

◇栄光に輝く自由

私たちの心の思いが聖別され、心に「イエスを死者の中から復活させた方の霊」を宿すとき、何が始まるのでしょうか。パウロはこのローマ書8章の後半で、「現在の苦しみは、将来わたしたちに現されるはずの栄光に比べると、取るに足りない」と語って、私たちが終わりの日の栄光を目指して進む者とされている喜びを表しています。これこそ「栄光に輝く自由」であり、この世のいかなるものも私たちをそこから引き裂くことはできないこと、これがパウロの確信でした。「だれがわたしたちに敵対できますか……だれが神に選ばれた者たちを訴えるのか……だれがわたしたちを罪に定めることが……」と、三度も「だれが」と問いかけ、「死も、命も、天使も、支配するものも、現在のものも……他のどんな被造物も、わたしたちの主キリスト・イエスによって示された神の愛から、わたしたちを引き離すことはできない」と結んでいます。これこそ「輝かしい勝利」です。それは終りの日の栄光を望み見つつ今を生きるキリストにある真の自由、栄光に輝く自由の歩みです。ペンテコステはそのような心と生活を私たちにもたらす日であります。

（2007年5月号）

一同は聖霊に満たされた

今年も早や4ヶ月が守り導かれ、ペンテコステを迎えようとしている。

復活の主イエスが昇天された後、二階の部屋に集まった弟子たちを始め120名ほどの人々は、「一つになって」「心を合わせて熱心に祈っていた」という。祈りがすべてに最優先され、祈りの中で示されたことを実践していく。それが「ユダの問題」を自分の内に正直に認め、自分の罪、共同の痛みとして悔い改めつつ担う道であった。ここに祈りの原点がある。

その祈りは僅か10日間であった。しかし神の時は満ち、「五旬祭」の日、「一同が一つになって集まっていると」、「突然」、神の聖い霊が降り、「一人一人の上にとどまった」。これが「聖霊降臨」、ペンテコステの大いなる出来事である。神の御業は常に「突然」、上より降る。それは熱心な祈りへの答えでありつつも、それ以上の神の御業であることを意味している。聖霊の御業は人間の営みのすべてを超えた神の御業である。ここに恵みがある。

しかしそれは、「激しい風」、天からの「音」、「家中に響いた」と表現されているように、私たちにも分かる在り方としてもたらされる。それが「一人一人の上にとどまった」ということで、個々人が体験できる恵みの領域である。「一同は聖霊に満たされた」のである。個人的でありつつ、共同的な御業。これが神の霊の祝福である。そこには聖霊の御業の調和があり、豊かなバランスがある。私たちの信仰は、「満たされている」であろうか。腑に落ちない、中途半端で、曖昧模糊とした状態では主に喜ばれることはできない。「天の父は求める者に聖霊を与えてくださる。」（ルカ11・13）これはいつの時代にも変わらない、天国の法則である。この常道にあずかり、満ち足りた喜びの信仰生涯を歩みたいものである。ここに喜びがある。

聖霊に満たされる時、何が始まるのだろうか。弟子たちは、「霊が語らせるままに、ほかの国の言葉で話しだした」とある。この事実は、彼らが福音宣教の主体的な担い手になっていったということである。神の聖い霊は信仰者に満ち、その人々が福音を語り、証ししていく世界が開示される。「ほかの国の言葉で」とは、文字通りには「異なる言葉」であるが、それはいわゆる狭い意味での「異言」ということではない。通じ合えなくなったあのバベル的な人間の言葉の限界が打破され、すべての国の人々に十字架と復活の福音の言葉が届けられ、通じ合える新しい救いの時の幕開けを示している。ここに希望がある。

翻って、今日の私たちは聖霊御自身とどのような関係にあるのだろうか。パウロがエフェソに伝道した折、「何人かの弟子」つまりエフェソのクリスチャンたちに、「信仰に入ったとき、聖霊を受けましたか」と言うと、彼らは、「いいえ、聖霊があるかどうか、聞いたこともありません」と言ったという。私たちは、「聖霊によらなければ、だれも『イエスは主である』とは言えない」のである。ということは、すべてのクリスチャンは、聖霊を受けている。ただ、その聖霊をいつも自覚的に崇め、聖霊に満たされることを願い、また神はそうしてくださると信じて生活すること。これが聖霊に導かれていく生涯である。ここに祝福がある。

（２００９年5月号）

神の霊によって導かれる者

「神の霊によって導かれる者は皆、神の子なのです。」（ローマ8・14）

主イエスの十字架～復活～昇天という一連の重大事を、ルカは「イエスは苦難を受けた後、御自分が生きていることを、数多くの証拠をもって使徒たちに示し、四十日にわたって彼らに現れ、神の国について話された」（使徒1・3）と要約している。彼らは主の顕現に触れ、本当に主が復活されたことを喜び感謝し、大きな慰めと希望に満たされたことであろう。しかしその喜びは未だ彼らを動かし、神の国の福音を全地に伝えていく力にはなっていなかった。

しかしそうした彼らを一変させたのが、聖霊降臨の出来事であった。この日、神の聖い霊は彼らに臨み、彼らの内に宿られたのである。「内に」とは彼らの全存在ということで、単なる内面ではない。つまり彼らは、キリストにある「新しい人」(存在)に創り変えられ、自己変革させられたのである。

ローマ書の7章から8章にかけてのキーワードは、「わたしの中に住んでいる罪」が「わたしの内に宿っておられる霊」によって飲み込まれ、「霊の法則」が「罪と死の法則」から私たちを解放したという事実である。この聖霊経験は、消極的には「肉の思い」に死ぬことであり、積極的には「神の霊によって導かれていく」歩みである。

その時、何がもたらされるのかと言えば、私たちが「神の子」とされ、神を「アッバ、父よ」と呼んで神との深い交わりがゆるされ、「神の相続人」とされていく恵みである。これ以上の光栄はない。

今日、私たちにはこの「神の子」とされている自覚、確信、感謝が希薄ではないだろうか。パウロは、「わたしは確信しています。死も、命も、天使も、支配するものも、現在のものも、未来のものも、力あるものも、高い所にいるものも、低い所にいるものも、他のどんな被造物も、わたしたちの主キリスト・イエスによって示された神の愛から、わたしたちを引き離すことはできないのです」（ローマ8・38、39）と生けるキリストの神を賛美している。

神の子とされているこの恵み、この信仰の事実を私たちから引き離すものはこの地上には何もない、これがパウロの確信であった。その確信があればこそ、あのような激しい福音宣教が成し遂げられたのである。それが聖霊の導きであり、支配であり、助けであり、力であった。

翻って、私たちの内には何が宿っているであろうか。キリストが私のうちにおられるとの確信、喜びがあるだろうか。パウロの生涯は、「わたしたちに与えられた聖霊によって、神の愛がわたしたちの心に注がれている」（ローマ5・5）喜びに終始している。この「注がれている」とは、そのことが既に完了していることを示している。この確信、この喜びがないとするなら、「キリストの霊を持たない者は、キリストに属していません」（9節）と言われても仕方がない。

私たちの内なるものが「キリストと共に十字架につけられています」（ガラテヤ2・19）という信仰に立つとき、「キリストがわたしのうちに生きておられるのです」（20節）との喜びの賛美が湧き出る。ペンテコステは、その信仰が回復される日である。


（２０１０年5月号）

若者は幻、老人は夢

イエス様が昇天された後、弟子たちを始め120人ほどの人々は、「心を合わせて熱心に祈って」いました。これが彼らの新しいスタートでした。すべてに先立つもの、それが祈りです。ありきたりの、言葉だけの祈りではなく、「心を合わせて熱心に祈」る、そこに主の御業は注がれるのです。

主イエスが昇天されてから10日目に聖霊が降り、「一同は聖霊に満たされ」ました。このことによって何が始まったのかと言えば、彼らが「話し出した」ということ。しかも、「〝霊〟が語らせるままに、ほかの国々の言葉で話しだした」のです。このことは、弟子たちの話したことが、人々に通じたということです。その日エルサレムには十数ヵ国からの人々が集まっていました。もちろん皆言葉が違います。しかし、弟子たちの語る言葉が通じたのです。

ペンテコステとは、私たちが聖霊に満たされていくとき、世界中の人々が神の言葉の下に通じ合う新しい世界が開けていくことを信じましょう。ペトロは、ペンテコステの出来事をヨエルの預言の成就と受けとめました。

まず、「わたしの霊をすべての人に注ぐ」とあります。神の聖い霊は、「すべての人に注がれる」恵みです。聖霊を受ける時、私たちは「預言し」、つまり御言葉を宣べ伝えていく証し人にされるのです。

次に、「若者は幻を見る」。これは若者に神のビジョンが与えられていくこと。若い方々はこの約束を信じて、信仰に励んでください。

さらにまた、「老人は夢を見る」。これは老人に夢、つまり希望が与えられていくこと。もう先が短い、足腰も立たない、あれもできない、これもうまくいかない。確かに体力は弱さを覚え、衰えを感じます。しかし聖書の約束は、「老人は夢を見る」、このことを信じて晩年も希望をもって進まねばなりません。パウロは、「たとえわたしたちの『外なる人』は衰えていくとしても、わたしたちの『内なる人』は日々新たにされていきます」とコリントの教会に書き送りました。

（２０１２年５月号）

霊の支配下に生きる

主イエスが捕えられ、十字架に釘づけにされた時、「弟子たちは皆、イエスを見捨てて逃げてしまった」（マルコ14・50）と。これは弟子たちにとって、大いなる屈辱であった。「たとえ、御一緒に死なねばならなくなっても、あなたのことを知らないなどとは決して申しません」と言ったのはペトロだけでなく、「弟子たちも皆、同じように言った」と聖書は記しています。

主が十字架に架かられた日は、弟子たちにとっては、生涯忘れられない「敗北の日」でした。もうこれですべては頓挫し、がたがたと崩れ去り、万事休すという悲惨な結末でした。

しかしそのような彼らに復活の主は自らを現わし、「信じない者ではなく、信じる者になりなさい」と優しく招き、主の愛に立ち帰らせてくださいました。主は弟子たちに息を吹きかけ、「聖霊を受けなさい」と決定的な恵みに連れ戻されました。このことがその後の「五旬祭」、ペンテコステの大いなる日につながっていったのです。

聖霊に満たされた弟子たちは一変し、復活の証人として十字架の福音を地の果てにまで宣べ伝えて行きました。使徒言行録は、ペンテコステの日に、「三千人ほどの仲間が加わった」と伝えています。パウロは、「キリストの霊を持たない者は、キリストに属していません」（ローマ8・9）と警告しています。今は聖霊の時代です。それなのに、聖霊と無関係なクリスチャンが何と多いことでしょうか。御言葉には、「神の霊があなたがたの内に宿っているかぎり、あなたがたは、肉ではなく霊の支配下にいます」とあります。聖霊は私たちの「内に宿る」霊なのです。今、「自分の内には」何が宿っているのか、そのことをよく点検してもらい、聖霊に満たされることを願い、信じなければ、力あるキリスト者にはなれません。

今一つのことはパウロが、「神の霊があなたがたの内に宿っているかぎり、あなたがたは、肉ではなく霊の支配下に」と述べていることです。「霊の支配下」とは文字通りには、「霊の中に」で、霊の中とは「霊の支配下」に他なりません。

今、自分を支配しているものは何なのか。それが神の霊であることを信じ続けて生きること、そこに祝福の道があります。「霊の支配下に生きる」者とならせていただきましょう。


（2013年5月号）

復活の大いなる委託

主イエスが復活された日の朝早く、マグダラのマリアたちは主がお納めしてある墓に出かけました。それは、安息日が始まるあわただしい埋葬であったので、主のお体に充分な処置ができず、香油を塗るためでした。

しかし墓には主のお体はありませんでした。これは一体どうしたことだろうと思案する彼女たちに主の天使が現れ、「あなたがたは十字架につけられたナザレのイエスを捜しているが、あの方は復活なさって、ここにはおられない」と声をかけました。「婦人たちは墓を出て逃げ去った。震え上がり、正気を失っていた」と記されています。

「正気を失うほどの驚き」、それが主の御復活です。彼女たちはこの驚きを弟子たちのところに知らせます。しかしだれも、「信じませんでした」。死んだ人間が復活した。このことは、到底信じられない出来事だからです。

◇信じない者への啓示

主の復活は今日もキリスト教への大きなつまずきです。パウロの時代もそうでした。パウロは、「キリストは死者の中から復活した、と宣べ伝えられているのに、あなたがたの中のある者が、死者の復活などない、と言っているのはどういうわけですか」と問いかけ、「死者の復活がなければ、キリストも復活しなかったはずです。そして、キリストが復活しなかったのなら、わたしたちの宣教は無駄であるし、あなたがたの信仰も無駄です。さらに、わたしたちは神の偽証人とさえ見なされます。……キリストが復活しなかったのなら、あなたがたの信仰はむなしく、あなたがたは今もなお罪の中にあることになります」とコリントの教会に書き送っています。

主の復活を伝えるマルコ福音書には、「信じなかった」、「信じなかった」という表現が続いています。つまり主の御復活は人間の知恵や知識では到底信じられない出来事で、弟子たちもそうだったから、そのことを心配する必要はないのです。

つまり主の復活は人間の理解の問題ではなく、復活の主御自身が彼らに「現れて」分からせてくださる信仰の領域であるということです。信じられない者が、復活の主御自身によって、「信じる者」へと変えられていくこと。この「変えられる」ということは、イエスを神の子キリストと信じ、救われることです。復活を信じられるかどうかが問題ではなく、イエス・キリストをこの私の救い主と信じて救われるかどうかが、大問題なのです。イエスを救い主と信じるなら、主の復活はおのずと信じられるようになるのです。

◇信じない者への委託

主の御復活が信じられない弟子たちは、主のおとがめを受けています。しかし主はその信じられない彼らに、「全世界に行って、すべての造られたものに福音を宣べ伝えなさい」と命じておられます。

私たちは信じられない人に、重大なことを頼めるでしょうか。そんなことはしません。しかし復活の主は信じられない弟子たちに、十字架と復活の福音を託されました。この大いなる主の御委託によって、教会はこの二千年、全世界に福音の宣教を果たしてきました。

信じられない者たちを主があえてご信任くださり、十字架と復活の福音の宣教を委託してくださいました。この大いなる御委託によって弟子たちは命がけで福音を宣べ伝え、福音は全世界に届けられています。

◇信じる者の幸い

復活の主は、「信じて洗礼を受ける者は救われるが、信じない者は滅びの宣告を受ける」と語られました。福音が宣べ伝えられるところには、「信じて洗礼を受ける者」か、それとも「信じない者」か、この二つに一つの選別が起こるのです。これは実に厳かなことです。

そして、「信じる者には次のようなしるしが伴う。彼らはわたしの名によって悪霊を追い出し、新しい言葉を語る。……」と。これは信じる者への幸いと保障が与えられていることです。十字架と復活の福音を真心から信じて宣べ伝えていくなら、主の祝福と守りが伴うのです。主の復活を信じるということ、福音を宣べ伝えていくということは、それほど祝福に満ちた輝かしいことなのです。

この後、主は弟子たちの見ている前で昇天されます。弟子たちは早速、出かけて行って、至るところで宣教していきました。その際、「主は彼らと共に働き、彼らの語る言葉が真実であることを、それに伴うしるしによってはっきりとお示しになった」と、主が弟子たちと共にあって働き、彼らを守り、導いていかれたと約束が述べられています。教会の宣教にはこのような主の御支えがあります。

イースターを越えて私たちはますます十字架と復活の福音を宣べ伝えていく教会として、主の御委託にお応えしていかなければなりません。

主の十字架と復活こそは、福音の中核、全体です。主はこの福音を、信じられない者に託されたのです。

（2014年5月号）

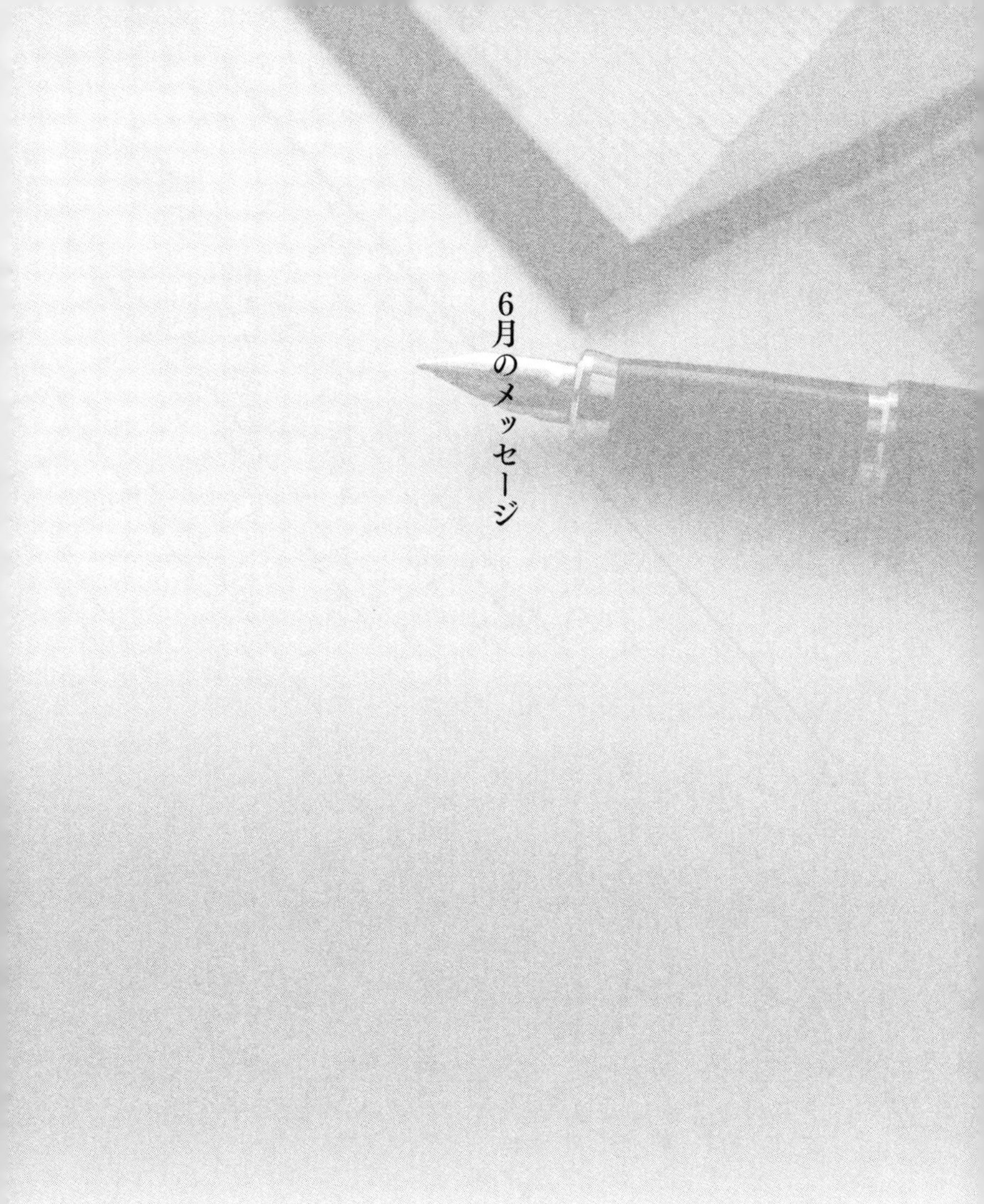

6月のメッセージ

イエス様の御名によって

　聖霊降臨によって誕生した教会は、主の十字架と復活に現された「神の偉大な業」をこの世に語り伝えていきました。

　ある日、ペトロとヨハネが祈るためにエルサレムの神殿にやって来ると、一人の男の人が運ばれてきて、門の入り口に置かれました。この人は生まれつき足が不自由で、毎日ここに運ばれてきて、その日の暮らしを立てていたようです。ところが、驚くべきことが起こりました。ペトロが「ナザレのイエス・キリストの名によって立ち上がり、歩きなさい」と言って右手を取って起こすと、その人はいやされ、歩けるようになり、神を賛美する人間になったというのです。ペトロたちはこの人に、「わたしには金や銀はないが、持っているものをあげよう。ナザレの人イエス・キリストの名によって立ち上がり、歩きなさい」と語り、手を貸しただけです。名は体を表すと言われますが、イエスの名はイエス御自身です。イエスの御人格、そのすべてです。ペトロたちが「わたしにあるもの」として十字架と復活の主の名を伝えていった時、「主の名」がその人を生かしていったのです。「イエス・キリストの名によって」とは、〈イエス・キリストの名の中に〉ということです。教会に来ても、イエスの名の外にいてはなにも起こりません。私たちは「イエス様の御名によって、アーメン」と祈ります。本当にそう信じて、「イエス様の御名によってアーメン」と祈るなら、私たちにもこの人に起こったようなことが起こるのです。「イエス様の御名によってアーメン」ということはそれほどすごいことなのです。

主イエスは、御自分の御名に心から拠り頼む者に、必ず御自身を示してくださいます。そして私たちが主の御名によって立つことのできる者に造りかえてくださいます。

そこに私たちの真の希望があるのです。

（2004年6月号）

十字架と復活に現された神の真実

去る5月15日のペンテコステの主日、私たちはこの一年の締めくくりとして、教会創立70周年の記念礼拝をささげ、すべての栄光を主に帰し、御名を崇めました。礼拝では洗礼式も執り行われ、喜びも一入でした。改めて、70周年記念行事委員会の皆さんをはじめ、さまざまなところで奉仕してくださった方々に感謝したいと思います。

パウロはコリントの信徒に「わたしは、あなたがたがキリスト・イエスによって神の恵みを受けたことについて、いつもわたしの神に感謝しています」と書き送っています。パウロにとって、感謝するということは、「神の恵み」への感謝であったことが分かります。「神の恵み」とは、言うまでもなく、私たちがイエス・キリストの十字架と復活にあずかって、罪と滅びの中から救い出されたという恵みであります。

教会もこの70年間、この恵みをいただいて参りました。そのことを私たちにはっきりと分からせるために、神様は先週の木曜日午後、病の重い吉田恵子さんを病床洗礼へと導いてくださいました。このことはまさしく、キリストにある「神の恵み」そのものでした。

この70年の中で、ホーリネス教会の分裂という、人間の側の不真実に対して、神は限りない憐れみと寛容を示し、その真実を貫いてくださいました。浅草橋教会が誕生しましたのは、神の真実の現れであります。当時、互いに分かれてしまいましたホーリネスの諸教会は、今日、さまざまな形で協力し合い、交流を深め、福音の宣教に努めています。

また、1942年（昭和17年）6月26日のホーリネス教会への弾圧、これは国家の不真実という罪です。どれだけ多くの人々がその犠牲となり、打撃を受け、苦しみ、痛み、傷ついたことか計り知れません。しかし、神は国家のそうした罪をも超えて、教会の戦後の再建復興を成し遂げて、神の真実をこの歴史に貫いてくださったのです。

この70年、私たち個々人のさまざまな形での不真実にも拘らず、神は私たちを赦し、聖め、今日の教会へと導いてくださっているのであります。これこそが、イエス・キリストの十字架と復活に現された神の真実の勝利と呼ぶにふさわしいのではないでしょうか。この70年を越えて、私たちは「主の十字架と復活に現された神の真実の勝利」を記念塚として据え、「キリストの日に向かって」、ますます福音の宣教に励みたいものであります。

（2005年6月号）

信仰は戦い

パウロはエフェソの信徒への手紙の最後で、「主に依り頼み、その偉大な力によって強くなりなさい」と勧め、「悪魔の策略に対抗して立つことができるように、神の武具を身に着けなさい」と励ましています。「悪魔」とは「ディアボロス」で、旧約聖書の「サタン」のギリシア語訳です。通常は「悪魔」と訳され、「サタン」は神に逆らう悪の最高勢力、「悪魔」の固有名詞として、新約にも何度か出てきます。

イエス時代に比べれば、あらゆる面で進歩、発展が見られる今日。しかし、悪魔の仕業としか言いようのない人間の精神的苦悩、またおぞましい凶悪犯罪が後を絶ちません。すべてを悪魔のせいにするのは無責任ですが、人間の意思や知恵ではどうすることもできない悪が今日、世界を覆っています。人間が悪魔と化していくことは、歴史の示すところです。

パウロは獄中でこの手紙を書きながら、悪魔の力をひしひしと感じていたのでしょう。ですから、「わたしたちの戦いは、血肉を相手にするものではなく、支配と権威、暗闇の世界の支配者、天にいる悪の諸霊を相手にするものなのです」と記したと思われます。パウロは、悪の存在、その力を宇宙的に捕らえ、神に敵対する諸々の勢力が現に今も働いているこの事実をはっきりと洞察していたのです。聖書は、「わたしたちは神に属する者ですが、この世全体が悪い者の支配下にあるのです」と告げ、しかし感謝すべきことには、「悪魔の働きを滅ぼすためにこそ、神の子が現れたのです」と、主の十字架と復活によって、悪魔に対する完全な勝利がもたらされたこと、ですから「あなたがたの内におられる方は、世にいる者よりも強いからです」と断言しています。「悪魔」のこと、これがパウロが最後まで警戒していた問題でした。このことを私たちは忘れてはなりません。それほど悪魔はしぶとく、また巧妙です。「サタン」とか「悪魔」ということをどのように理解し、説明したとしても、悪の力が今もこの世に現実に働いているこの事実を認めない人はいないでしょう。しかもその悪の力は私たちを誘い、罪を犯させ、神に背かせ、知らず知らずのうちに私たちの信仰を骨抜きにし、滅びへと陥れていくのです。私たちはここでパウロが語っているように、「支配と権威、暗闇の世界の支配者、天にいる悪の諸霊」という悪魔の働き、悪霊の働き、悪の存在をはっきりと見抜き、聖い霊に導かれ、支配されていく必要があります。そしてこの世でのすべての誘惑と戦い、罪と戦い、死と戦って勝利された十字架と復活の主、偉大なる大祭司主イエスをいよいよ信じ、信仰の戦いを戦い抜かなければなりません。

この6月26日は、今から65年前の戦時下、国家の不当な弾圧がホーリネス諸教会と牧師に加えられた記念日です。信仰の眼で時代を見つめ、戦える信仰を確かにしていただきましょう。


（2007年6月号）

「死の陰の地」に射し込む光

主イエスの宣教活動は、バプテスマのヨハネの「捕縛」に触発される形で、ガリラヤ湖畔の町カファルナウムを拠点にして開始された。

当時のガリラヤは「異邦人のガリラヤ」と蔑視され、陽の当たらない、希望の持てない地域であった。その住民は「暗闇に住む者」「死の陰の地に住む者」と見下されていた。しかし、そうした死で覆われ、塞がれ、何の希望も持てない人々のただ中に、「光が射し込んだ」と聖書は語る。「ゼブルンの地とナフタリの地、湖沿いの道、ヨルダン川のかなたの地、異邦人のガリラヤ、暗闇に住む民は大きな光を見、死の陰の地に住む者に光が射し込んだ」（マタイ4・15〜16）と。

マタイはそこにイザヤの預言の成就を見た。それは、主イエスがその地に「住まわれた」ことによってもたらされた光である。「住まわれた」とは、そこに定住し、生活の場を置き、そこに天からの光を射し込んでくださったということである。これが主のガリラヤ伝道であった。

この光は、「暗闇」と「死の陰の地」を征服し、駆逐し、滅ぼし、同時に「暗闇に住む者」「死の陰の地に住む者」に赦しと慰めを与え、希望と生きる力をもたらしていく光である。それは苦もなくもたらされた光ではなく、御子の十字架と復活によって初めて成し遂げられた世界で、この光が「恵みの光」と呼ばれるゆえんである。「恵みの光」であれば、それはすべての者への招きである。神はこの招きに応答し、身を委ねるすべての人を、天の国へ導き入れてくださる。そこに救い主イエス・キリストへの信仰が問われることになる。

イザヤ書9章のこの個所には、「異邦人のガリラヤは、栄光を受ける」とある。誰からも顧みられなかった地が、「栄光を受ける」。それは神の前に「場」を与えられたことであって、そここそ教会の今日的伝道の希望と喜びがある。

（2008年6月号）

力強く証しする

「使徒言行録」を通して、私たちは「聖霊降臨」後の初代教会の生き生きとした宣教活動の様子を知ることができる。しかしその歩みは、必ずしも平穏無事ではなかった。聖霊の力強い御業として導かれつつも、迫害が起こり、争いや対立また戦慄すべき欺きや陰謀で教会は苦境に立たされてもいる。しかし、神の御計画は寸分の違いもなく推し進められ、神の恵みの福音は進展していったのである。

◇人を用いられる神

神の御業は人を通してこの歴史に成し遂げられていく。ペトロありパウロあり。そしてこの2千年、神に用いられていった人々の数は実におびただしい。

それはあのゼカリヤの時代にそうであったように、「武力によらず、権力によらず、ただわが霊によって」（ゼカリヤ4・6）である。神の聖い霊に生かされ、導かれていくとき、平凡で「無学な普通の人」（使徒4・13）が神の栄光を証ししていけるのである。聖霊なる神を崇め、聖霊が私の内に宿ってくださっていると信じ続け、福音を証ししよう。

◇力強く証しする

「使徒言行録」に特徴的な証し人の姿は、「力強く証しする」と繰り返し告げられている。それは単なる人間の力強さ、勇ましさではない。何か優れた言葉や知恵でもなかった。その「力強い証し」は、「主の言葉」を証しする時に与えられる（使徒8・25）。また、「メシアはイエスである」（18・5）と十字架と復活の主を証しする時にもたらされる。さらにまた、どのような状況下にあっても、「神の恵みの福音」（20・24）、「神の国」（28・23）を証ししていく時に宿される恵みである。

今日、私たちの証しは「力強い証し」になっているだろうか。福音を恥じてはいないだろうか。パウロの力強い証しの秘密は、聖霊によるものであるが、それはまた「わたしは福音を恥としない」（ローマ1・16）とのつき抜けた信仰、その告白にあった。十字架を恥じない者を神もまた恥とはされないのである。

◇死に至るまで

「ヨハネの黙示録」は、眩いばかりの御国の栄光の姿を私たちに垣間見せてくれる。そして

「死に至るまで命を惜しまなかった」(12・11)人々のことが覚えられ、位置づけられている。この「惜しまなかった」とは「愛さなかった」という意味で、永井訳には〈死に至るも己が魂を愛せざりき〉とある。私たちが自己愛に留まる限り、御国の栄光など、とても望めない。私たちにはほど遠い思いさえする。しかし聖書は、「小羊の血と自分たちの証しの言葉」とでその祝福にあずかっている人々があることを告げている。驚くべき祝福である。とするなら、私たちも聖霊による「力強い証しをする」者にされ、「小羊の血」、十字架の血潮に日々、聖別され、「証しの言葉」を宣べ伝える者とされたい。栄光のために!

(2009年6月号)

御霊によって歩みなさい

パウロは「ガラテヤの信徒」に宛てた手紙の中で、「御霊によって歩みなさい」と勧めています。「歩む」ということは、その言葉が示しているように、生活するということです。信仰が生活となって初めてそこに御言葉の実質が具体的になっていきます。ガラテヤの諸教会を脅かし、毒しつつあった問題とは、「ほかの福音」でした。それは、キリストの福音に当時のユダヤ教的「行い」を加えるという信仰理解で、キリストの福音とは異質なものでした。つまり、人が救われるのはキリストを信じる信仰だけであるという正当的信仰をゆがめ、信仰と行いがなければ救われないと考えたのです。

なぜそういうことになったのでしょうか。いろいろな原因があるかと思いますが、要は信仰の確信がぐらついてきたということ。信仰生活だけでは駄目なのではないかという疑い、不信が生じてきたことであります。このことは、今日の私たちも例外ではありませんから、心しなければなりません。

◇キリストが形づくられる

ガラテヤの諸教会のことを思ってパウロは、「あなたがたは、よく走っていました。それなのに、いったいだれが邪魔をして真理に従わないようにさせたのですか」（5・7）と述べ、「あなたがたのことで途方に暮れている」（4・20）と訴えています。しかしパウロは諦めませんでした。パウロは、「わたしの子どもたち」と呼びかけ、「キリストがあなたがたの内に形づくられるまで、わたしは、もう一度あなたがたを産もうと苦しんでいます」（4・19）とその決意のほどを述べています。これがパウロのすごいところです。彼はキリストの教会に対して決して諦めませんでした。

私たちのうちに、「キリストが形づくられる」とはどういうことでしょうか。この「形づくられる」という言葉は、「神の身分」であられたキリストが、私たちを救うために「僕《しもべ》の身分」になられたことを指しています。それは、奴隷の姿以上の謙遜、キリストのへりくだりを意味しています。

ガラテヤの諸教会の問題は、このへりくだり、謙虚さの欠落ではなかったでしょうか。せっかくキリストの十字架の贖いをいただいて救われたのに、自分たちは選ばれたユダヤ人で、異邦人とは異なるのだというおごりです。その思いが異邦人に対する優越感となって現れ、高ぶった思いが支配していき、信仰プラス行いという結果を招いていったのだと思います。

パウロはフィリピの信徒に書き送った手紙の中で、「互いにこのことを心がけなさい。それはキリスト・イエスにもみられるものです。キリストは、神の身分でありながら、神と等しい者であることに固執しようとは思わず、かえって自分を無にして、僕の身分になり、人間と同じ者になられました。人間の姿で現れ、へりくだって、死に至るまで、それも十字架の死に至るまで従順でした」(フィリピ2・5〜8)と勧めています。ひと言で表現すれば、文語訳にありますように、「キリストの心を心とする」ということです。それが、「御霊によって歩む」という生涯です。

◇御霊の実を結ぶ生活

今一つの問題点は、ガラテヤの諸教会は、自力での信仰生活で、御霊による歩みをしていなかった、ということです。ですからパウロは、「霊の結ぶ実」（ガラテヤ5・22〜23）に思いを向けるよう、促したのです。

ここに記されている「御霊の実」という表現は、よく知られているように、単数です。ですから「御霊の実」は愛で、その愛の実に、「喜び、平安、寛容、親切、善意、誠実、柔和、節制」という八つの房が付いているとみることもできます。そして御霊の実のこうした現れは、私たちの信仰生活に具体的に証しされていくことが求められています。

パウロは最後の6章の終わりで、「これからは、だれもわたしを煩わせないでほしい。わたしは、イエスの焼き印を身に受けているのです」（17節）と述べています。パウロが結んだ御霊の実、愛の実は、「イエスの焼き印」という実でした。それが何を意味しているのか、定かではありません。しかしそれは、パウロがキリストのため、福音のために受けた「焼き印」つまり、パウロが数々の試練、苦難、迫害などを受けていったことであることは、想像に難くありません。

つまりパウロはキリストのため、福音のため、教会のために愛の重荷を負い続け、その都度、傷つき倒れ、苦闘していったということです。それは彼が、キリストのため、福音のため、教会のために喜んで、愛の犠牲を惜しまなかったことの、何よりもの証しです。（2012年6月号）

勝利する信仰

かねてより皆様から篤きお祈りをいただいていました敬愛する伊藤巳江子姉は、去る5月28日夜、平安裡に主の御許にお召されになりました。享年83才と9か月、65年の信仰生活でした。

伊藤巳江子姉は、何よりも礼拝を第一として重んじ、教会生活を続けていかれました。最後の礼拝は去る5月5日の第一主日で、共に聖餐にもあずかられました。長女の愛子姉の見守る中、眠るように安らかなご召天で、長男の誠兄も急いで会社から帰られ、私も山崎副牧師と駆けつけて、皆で最後のお祈りをいたしました。

葬儀を終え、改めて巳江子姉の信仰の力強さ、信仰に徹したその揺るがない確信を思わされています。巳江子姉はがんという病には倒れましたが、信仰による勝利をはっきり、主から受けておられたと思います。

ヨハネ第一の手紙が書かれた時代、原始教会は異端思想に毒されつつあり、ある意味で危機的な状況でした。その異端とは、ヨハネ第一の手紙4章1節以下に述べられている、大勢の「偽預言者」が跋扈し、教会を毒しつつありました。ヨハネは、「イエスのことを公に言い表さない霊はすべて、神から出ていません。これは、反キリストの霊です。かねてあなたがたは、その霊がやって来ると聞いていましたが、今や既に世に来ています」と述べて、注意と警戒を促したのです。

ヨハネ第一の手紙には、「反キリスト」という言葉が三回出てきますが、それは、「イエス・キリストが肉となって来られたということを公に言い表さない」人々のことです。そういう人たちは、イエス・キリストが人間であられることを否定し、人間という肉体を持っていることは卑しいことと考えていました。そして霊的なことこそ重要だと信じ、自分たちはそうした高度の理解、つまりグノーシスを持っていると誇らしげに吹聴していたのです。

ヨハネ第一の手紙の著者ヨハネは、そうした人々に対して毅然とした態度でその非を指摘し、まことの信仰とはグノーシスという知識にあるのではなく、聖い神の霊を心の内に、その人の人格、その全存在にいただいていること、そういう人は神を愛し、人を愛していくことを証ししていきました。

ですからヨハネはこの手紙で二回、「神は愛です」と宣言しているのです。つまりヨハネが、「世に打ち勝つ勝利、それはわたしたちの信仰です」と語った時、その信仰とはイエス・キリストがまことの神であり、まことの人であると信じる信仰であるということです。「だれが世に打ち勝つか」という「世」とは、そうした偽預言者たちを許し、許容し、その思想に追従している人々のことです。

「イエスが神の子であると信じる者」とは言うまでもなく、神であられた御子が人としてこの世に来られ、私たちを愛し、私たちと共に歩み、最後はその罪のない命を神にささげて十字架にかかり、私たちの罪の赦しを神に求めてくださったイエス・キリストを神の子と信じる信仰のことです。

今日もこの信仰だけが、すべてに打ち勝つのです。伊藤巳江子姉は病に倒れましたが、その確固たる信仰は病に勝利し、この世に勝利していかれました。

ヨハネはこの手紙を、「わたしたちは真実な方の内に、その御子イエス・キリストの内にいるのです。この方こそ、真実の神、永遠の命です」と書き記して結んでいます。キリストを私の唯一の救い主と信じる信仰とは、自分が何かを知っているとか持っているということではなく、御言葉の約束のように、自分は「キリストの内にいる」と信じて信仰を生活し、最後まで貫いていくことです。

（2013年6月号）

共に歩み、共に宿る復活の主

主イエスが復活された驚くべき知らせは、当初、主イエスの弟子たちを始め、当時の人々には喜びではありませんでした。もちろんそれは彼らが、主の復活を信じることができなかったからです。その日の彼らの様子をヨハネは「その日、すなわち週の初めの日の夕方、弟子たちはユダヤ人を恐れて、自分たちのいる家の戸に鍵をかけていた」と記しています。一週間たっても、彼らは戸に鍵をかけ、戦々恐々としていました。

そうした彼らのところに復活の主は来られ、「平和があるように」と声をかけ、復活が事実であることを示してくださいました。ルカ福音書は、主イエスが復活されたその日の夕方近く、二人の人がエルサレムからエマオに出かけている様子を伝えています。この個所は聖書のとても有名な場面で、レンブラントをはじめ何人かの画家たちが描いています。

その二人のうち一人はクレオパという人ですが、もう一人の名は記されていません。彼らは広い意味での主イエスの弟子で、主の十字架の出来事を見届け、失意落胆の思いで道を歩いていました。これは想像ですがエマオは彼らの郷里ではなかったかと思われます。

◇一緒に歩いてくださる主

この聖書の個所から私たちがまず心に留めるべきことは、復活の主は私たちと共に歩いてくださるお方であるということです。エルサレムからエマオは60スタディオンと記されています。これは11キロです。彼らが暗い顔をして話し合いながら歩いていると、復活の主が「近づいて来て、一緒に歩き始められ」ました。主イエスが何を話しているのかと尋ねられると、彼らは主イエスの十字架の出来事と復活のことを説明します。しかし十字架の意味も復活の事実もまだ分かりませんから、「暗い顔をして立ち止まる」だけでした。そうした彼らの姿を主は、「ああ、物分かりが悪く、心が鈍く預言者たちの言ったことすべてを信じられない者たち」と指摘しておられます。しかし主はそうした彼らと共に歩き、言葉を交わし、彼らに「モーセとすべての預言者から始めて、聖書全体にわたり、御自分について書かれていることを説明された」のでした。

私たちはこの事を通して、復活の主は今も私たちと共に歩いてくださっていることを知らされます。主が復活された以上、私たちは最早一人でいるのではなく、復活の主が私たちと共にあって、私たちと共に歩いてくださっている、この事実を覚えたいと思います。

◇共に宿られる復活の主

もう一つのことは、私たちと共に歩いてくださる復活の主はまた、私たちと共に宿ってくださる主であるということです。この三人の同行者は、エマオに近づきました。「イエスはなおも先へ行こうとされる様子」でしたが、彼らは「『一緒にお泊まりください。そろそろ夕方になりますし、もう日も傾いていますから』と言って、無理に引き止めた」と記されています。主イエスは共に泊まるため家に入られ、一緒に食事の席に着かれます。しかしここには、不思議な光景が記されています。主イエスはこの家の主人ではありません。しかしあたかも主人であるかのように振る舞っておられるのです。「イエスはパンを取り、賛美の祈りを唱え、パンを裂いてお渡しになった」と。この光景は、ガリラヤで主が五千人に食物をお与えになった時の様子と同じです。多分この二人はその場にいて、パンと魚をいただいたのではないでしょうか。

「すると、二人の目が開け、イエスだと分かったが、その姿は見えなくなった」と記されています。彼らは初めて、ああそうだったのか、一緒に歩き、聖書を解き明かし、心温まる思いにさせられたのはこの御方によってだったのかと。彼らの求めに復活の主が応えて共に宿ってくださった。そのことにより、すべては解けたのであります。彼らは有名な言葉を残してくれました。それが、「道で話しておられるとき、また聖書を説明してくださったとき、わたしたちの心は燃えていたではないか」と。この「燃えていた」という言葉は、復活の主が御言葉を解き明かされたときに「燃やされた」こと、つまり彼らは主イエスが解き明かされた御言葉によって、復活の主を体験できたということです。

復活の主はこのような恵みをウェスレーに与え、彼も心燃える思いにさせられ、メソジストの運動を展開していきました。その恵みは、今日も私たちが信仰によって知ることのできる恵みであり、祝福です。主の復活が私たちにもそのような事実となるよう、祈りましょう。

（2014年6月号）

7月のメッセージ

祝福は限界を超えて

今年の夏期修養会のテーマは修養会委員会が、「主の証し人に続こう～創立70周年に向けて」と決めてくださいました。この主題は、信仰の生きた継承をしていくという決断であり、また祈りであります。今日、この信仰の生きた継承ということは、大きな祈りの課題です。

聖書にこの信仰の生きた継承を尋ねますなら、それは「祝福を受け継ぐ」（Ⅰペトロ3・9）という内容になります。アブラハムが受けた神の祝福は、その子イサクに、そしてまた三代目のヤコブ、さらに次のヨセフにと受け継がれていきました。そこにはいろいろな危機がありましたけれども、神はその都度、信ずる者たちを祝福の担い手として聖別し、用いていかれました。

アブラハムの一家はカルデヤのウルを出発し、ハランというところにたどり着きます。しかしこのカルデヤのウルがアブラハムたちの故郷というより、ハランに住んでいた彼らがカルデヤのウルに移住し、そこからまたハランへ帰って行った、とも言われます。いずれにせよハランでアブラハムは父を亡くします。恐らくこのことがアブラハムの決定的な転機になりました。父の死によって、アブラハムは限界を痛感したことでしょう。私たちが前に向かって進もうとするとき、こうした限界が付きまといます。しかしその人間的な限界のただ中で、何に出会うのかが重要で、またそのことが意味あることです。

アブラハムはその時、神の御声を聞きました。それは、あなたは「祝福の源となるように」（創世記12・2）という神からの命令でした。元訳聖書には、「汝は祉福《さいはひ》の基となるべし」とあります。それは、父の死という危機また限界の中でアブラハム自身が隣人を祝福する存在にされていくことです。事実、アブラハムの生涯にこのことは実現していきました。私たちの生涯もそうありたいものです。

（2003年7月号）

神の家族

教会が「神の家族」と表現されるとき、そこには主イエス・キリストが十字架にかかり、血を流されたことによって成り立つ血による信仰共同体のことが意味されています。そのことをパウロは「わたしたちはこの御子において、その血によって贖われ、罪を赦されました」（エフェソ1・7）とか、「キリストの血によって」（同2・13）と述べています。仮に私たちがこの世の人間的な血縁関係に破れ、破綻したとしても、キリストの血による新しい人間関係が造りだされていく道が残されています。それがキリストにある「新しい人」にされることです。それは人間の血縁以上に、キリストの血に基づく新しい世界です。

私たちは聖餐にあずかる毎に、自分がキリストの血による新しい神との関係、人との関係に入れられていることを確認し、体験していくのです。だからこそ、そのことに基づいて、この世の人間的な血縁関係に対して責任を果たしていけるよう、祈りつつ取り組んでいくのであります。教会とは、このような「神の家族」なのです。

今一つの重要な点は、聖書において、「血はその中の命によって贖いをする」（レビ記17・11）という理解です。聖書が血のことを重要視するのは、「血は命である」という考え方に基づいているからです。そしてこの命は、イエス・キリストが御自分の死をもって、死を滅ぼされたことにより、復活の命として私たちに与えられています。ですから、「神の家族」に加えられた私たちは、キリストの十字架の血による神との和解、人との和解を与えられるだけでなく、血による命、新しい命、死が通用しない永遠の命に生かされていくという恵みの世界に入れられていくのです。死は確かに辛く哀しく、もはやどうすることもできない永遠の離別です。しかし私たちがイエス・キリストの十字架による罪の赦しと復活の新しい命を信仰によって与えられるなら、そこには希望があるのです。その希望とは、私たちが神の国で共に生かされるという、終末の希望です。ですからパウロは「神の家族」について語った後、私たちが「神の住まい」となることを述べているのです。

主イエスを自分の救い主と信じるなら、神はキリストを通して、私たちの中に住んでくださるという、驚くべき約束なのです。神の家族の一員とされていることは、それほど偉大なこと、永遠的なことなのです。

（2006年7月号）

キリストの真実

今年も65年前のホーリネス弾圧の日を新しく覚え、記念礼拝を共にささげました。

◇イエス・キリストを思う

「イエス・キリストのことを思い起こしなさい」（Ⅱテモテ2・8）との勧めは、獄中のパウロの体験、また祈りです。どんなときにもイエス・キリストのことを覚え続けていく。そこに信仰のすべてがあります。「イエス・キリスト」御自身、とりわけその十字架と復活に私たちの信仰のすべて、源、また拠り所があるのです。弾圧のとき、獄中の先生方もまた、主の十字架と復活への信頼を揺るぎないものにしていかれたことでしょう。ある先生は、

「屠られし　羔のごと　我もまた　引かれてゆきぬ　長雨の朝
編笠も　手錠も我に何ならん　茨かむりし　主イエスを思えば」と詠んでおられます。

◇苦しみを受ける

この十字架と復活にあずかる道は、「この福音のためにわたしは苦しみを受け、ついに犯罪人のように鎖につながれています」という道です。それが私たちの進む道でもあります。その道を進めるのかどうか。その答えは、「しかし、神の言葉はつながれていません」という御言葉の約束だけです。しかもそれは何のためでもなく、ただ人々が救われるためであります。（同2・9）

◇キリストと共に生きる

「わたしたちは、キリストと共に死んだのなら、キリストと共に生きる」これがパウロの確信でした。「耐え忍ぶなら、キリストと共に支配する」と。これは迫害や弾圧によって苦しめられ、抑圧され、支配されても、キリスト者をその本質において支配しているのは、キリストだけであるとの信仰です。耐え忍ぶことのできないような時、「キリストを否む」という闇の部分をパウロは見ていました。しかし、そのような私たちを聖霊によって執り成し、変革させ、キリストの真実に生かしてくださるのが、憐れみ深い天の父なる神です。

（2007年7月号）

主への畏れをもって

今日の様々な問題の根本的原因の中心に、神への畏れの喪失が挙げられます。聖書にも、「神を畏れず人を人とも思わない」（ルカ18・2）という表現がありますが、そういう人間がふえ、また様々な分野を動かしているのではないでしょうか。神も人も恐れないはずなのに、ガンを恐れ、死の恐怖からも逃れられません。

イエス様は、魂を殺すことのできない「人々を恐れてはならない」と警告しておられます。「むしろ、魂も体も地獄で滅ぼすことのできる方を恐れなさい」。「地獄で滅ぼすことのできる方」とは、最後の審判者ということで、その神のみを畏れるように、との警告です。

そのたとえとして、雀のことを取り上げておられます。当時、二羽の雀は一アサリオンで売られていました。一アサリオンとは、当時の労働者の日当の16分の1です。「その一羽さえ、あなた方の父のお許しがなければ、地に落ちることはない」と。これはこのままですと分かりにくいのですが、ルカ福音書のこの平行記事を見ますと、「五羽の雀が二アサリオンで売られている」とあります。「二羽の雀が一アサリオン」ですから、二アサリオンなら四羽です。しかし、「五羽の雀が二アサリオン」ということになれば、四羽買ってくれたから、一羽はおまけということになります。神様は、数に入らないおまけのような一羽、付け足しのような一羽の雀、「その一羽さえ」ちゃんと覚えていてくださる。神様の目には誰一人、おまけのような人はいない。付け足しのような人間はいない。みなかけがえのない一人一人なのです。

私たちはここに、神の愛の細やかさ、深い顧みを覚えます。そのように、神様は私たちの「髪の毛までも一本残らず数えられている」と。私たちは自分の髪の毛が何本あったのか全然知りません。今、何本になっているのかも分かりません。でも、神様はそれをちゃんと覚えていてくださる。それほどにあなたは愛されているのですよ、と。

「だから、恐れるな。あなたがたは、たくさんの雀よりもはるかにまさっている。」これがイエス様の深い眼差し、細やかなお心なのです。

（2010年7月号）

神の御業が現れるため

私たちの人生には、「なぜですか」、「どうしてですか」と問わざるを得ないようなことが起こります。この度の東日本大震災もそうです。被災した7才の少女が、「なぜこんな哀しいことにならないといけないのですか」とローマ法王に質問したと報道されていました。この問いに誰も答えられないと思います。

聖書にはこの問いが、沢山出てきます。アブラハムの生涯、ヨブという人の苦難、詩編の詩人も繰り返し、「なぜ」、「どうして」と神に祈っています。主イエスは十字架上で、「わが神、わが神、なぜわたしをお見捨てになったのですか」と叫び、父なる神にこの問いを投げかけておられます。

ヨハネ福音書9章には、「生まれつき目の見えない人」のことを主イエスの弟子たちが、「ラビ、この人が生まれつき目が見えないのは、だれが罪を犯したからですか。本人ですか。それとも、両親ですか」と尋ねています。今日でも、病気になったりすると、どうしてだろう、何か悪いことをしたからだろうか、などと悩むのではないでしょうか。弟子たちの問いに主は、「本人が罪を犯したからでも、両親が罪を犯したからでもない。神の業がこの人に現れるためである」と答えられました。この答えは、その原因を過去に捜し求めても、そこからは少しも明るい希望は生まれて来ない。この人が生まれつき目が見えないのは、「神の業がこの人に現れるため」という、明日に私たちを向かわせ、希望をつなぐようにということです。そして事実、この所には9章全体の41節を費やして、「神の業」がこの人に現れていくことが記されているのです。

このことは、主イエスが「なぜですか」という問いを自ら引き受け、十字架上で、「わが神、わが神、なぜわたしをお見捨てになったのですか」との問いを父なる神に投げかけ、「神の業」

を現してくださったこと。主はその問いに見事に答えを出してくださったのです。その答えとは、私たちが主イエスを信じて一人も滅びないように、イエス様の救いにあずかるためです。

人生で出会う試練や苦難、それはそのことを通して私たちがキリストの救いに出会うためです。なぜなら、イエス様は十字架という最大の苦難から救いを成就されたからです。


（２０１１年7月号）

天にこだまする大きな喜び

あるところに百匹の羊を持っている人がいました。ところが、そのうちの一匹がいなくなり、羊飼いは心配して、その一匹の羊を捜しに出かけます。山を越え、谷を巡り、遠くまで捜しに行きました。どうしたのだろう。狼に食べられたのだろうか。谷底に落ちて怪我をしているのではないだろうか。優しい羊飼いは一生懸命、いなくなった羊を捜し求めて行きました。

辺りはだんだん暗くなってきます。遠くの方には家の明かりが一つまた一つと灯されていきます。やっぱり狼かなにかにやられてしまったのだろうか。羊飼いは心配で、心配でたまりませんでした。とその時、遠くの方で、「メー」と泣く自分の羊の声がしました。ああ、いた、いた！

羊飼いは藪の中に走っていきました。すると茂みの間で枝にふさがれて動けなくなっている羊が見つかりました。羊飼いは急いで駆け寄り、木の茂みをかき分け、羊を助け出しました。羊は何度も、「メー、メー」と喜んで泣いていました。羊飼いは「喜んでその羊を担いで、家に帰り、友達や近所の人々を呼び集めて、『見失った羊を見つけたので、一緒に喜んでください』」と言って、その羊を見せました。みんなも大喜びをしました。

このお話はイエス様の有名なたとえです。イエス様はこのお話をされた後、こう言われました。「このように、悔い改める一人の罪人については、悔い改める必要のない九十九人の正しい人についてよりも大きな喜びが天にある」と。私たちがイエス様を信じないということは、この羊のように羊飼いから離れ、失われた者になっているということです。しかしイエス様は良い羊飼いとして、どこまでも、どこまでも私たちを追いかけ、捜し続け、ついに十字架にかかってまでも私たちを見つけ出してくださいました。ですから私たちがイエス様を信じて救われるなら、「大きな喜びが天にある」。それは天国を揺り動かすほどの大きな喜びであると言われたのです。

私たちは小さな一人一人です。でも、イエス様を自分の救い主と信じるなら、イエス様はこの私たちのために十字架にかかって、私たちのすべての重荷、痛み、苦しみをいやし、何よりも自分ではどうすることもできない罪を赦し、神の子として生まれ変わらせ、神様の前に立つことのできる人間にしてくださいます。これは驚くべき救いです。人間の知恵や努力、ましてやお金によって獲得できる救いではありません。イエス様を「信じます」というだけで、すべての人に神から与えられる賜物としての救いです。

一人の人がこのイエス様の救いにあずかりますなら、その喜びは、天にこだまする喜びとなるのです。天を揺るがすほどの喜びですから、それはこの世界を喜びで満たすことができるのです。人に希望を与え、慰めと平安を与えることができます。

（2012年7月号）

神の愛とキリストの忍耐

今年の6月26日で、前戦時下のホーリネス弾圧事件が起こって71年を数えます。改めてキリスト教の歴史が迫害、弾圧の歴史であったことを思います。誕生間もない初代教会とその後の約250年は、実に過酷な迫害の連続でした。しかしキリストに忠実なクリスチャンたちが信仰に命を賭け、教会をも守り、信仰の灯火を灯し続けていきました。

紀元313年、コンスタンティヌスI世とリキニウス帝がミラノで勅令を出し、キリスト教が公認されました。このリキニウスはコンスタンティヌスの異母姉妹のフラヴィア・ユリア・コンスタンティアと結婚し、そのこともあってコンスタンティヌスと連名でミラノ勅令を発し、ローマ帝国内でキリスト教を公認。没収していたキリスト教会の財産を還付したのです。その後もユリアヌス帝などの抑圧を受けますが、380年にテオドシウス帝はキリスト教をローマ帝国の国教に定めました。実に250年以上もの間、主に忠実なキリスト者たちが耐えに耐えて、ついにこの信仰の勝利を勝ち取ったのです。

パウロは、テサロニケの信徒たちに手紙を書き送り、「わたしたちが道に外れた悪人どもから逃れられるように、と祈ってください」と祈りを要請しています。迫害の中で、教会が勝利した秘密は、こうした祈りにあったのです。私たちも日々の生活で、いろいろな試練に出会います。しかし最後まであきらめてはならないこと、それは勝利者キリストを固く信じ、最後まで祈り続けていくことです。この祈りには神は必ず答えを与えてくださいます。それは、祈りの中で私たちがキリストの真実に出会えるからです。パウロはこのキリストの真実に依りすがり、主が「必ずあなたがたを強め、悪い者から守ってくださいます」という答えをいただいたのです。また、祈りの中で私たちは神の愛を知ることができます。どんな時にも、私は神に愛されていると信じることができるなら、恐れることは何もありません。平安が与えられます。自分は神に愛されている。このことを信じ続ける限り、失望も絶望もありません。必ず道は開かれます。

最後のことは、キリストの忍耐です。あの放蕩息子が家を出て行ってから、ぼろぼろになって父親のもとに帰って来るまで、何年の歳月が経ったのでしょうか。ついに時来たってこの息子は父親のところに帰って来ます。「まだ遠く離れていたのに、父親は息子を見つけて、憐れに思い、走り寄って首を抱き、接吻した」と聖書は記しています。この「遠く」という言葉は、長い、大きいという意味の「マクロ」という用語で今日も使われています。神の愛に時間や距離は問題ではないということです。父親は、どれほどの忍耐の限りを尽くしてわが子の帰りを、一日千秋の思いで、来る日も来る日も待ち続けていったことでしょうか。神の忍耐、キリストの忍耐を思います。ですからパウロは、「どうか、主が、あなたがたに神の愛とキリストの忍耐とを深く悟らせてくださるように」と祈ったのです。神の愛にはキリストの忍耐が裏打ちされているということは、すばらしいことです。

（２０１３年７月号）

聖霊に満たされ、導かれる生涯

主イエスが昇天された後、弟子たちを始め120人ほどの人たちはエルサレムのとある家の二階に集まり、「心を合わせて熱心に祈って」いました。それは主が、「エルサレムを離れず、前にわたしから聞いた、父の約束されたものを待ちなさい」と命じておられたからです。10日間の祈祷会が続けられ、ついに聖霊が一同に降り、彼らは「聖霊に満たされた」のであります。これが聖霊降臨、ペンテコステです。その時、弟子たち一人一人は聖霊に満たされました。この日まで、聖霊は弟子たちには与えられていなかったのではありません。天地創造のとき以来、「神の霊が水の面を動いていた」（創世記1・2）と創世記は伝えています。創世記2章には、神は人間に「命の息」を吹き入れられ、人間は「生きる者」となりました。この「息」とは、霊のことです。そしてこの「生きる者」という意味は、単に生きている、死なないということではなく、人間は吹き入れられた息、つまり神の霊によって、神との交わりが許されるようになったということです。

しかしその後の人間は罪を犯し、神との交わりは絶たれてしまいます。けれども恵み深い神は人間に吹き入れられた御自身の霊を覚えて、人間を守り、導いていかれます。これが神の憐れみ、神の愛です。イスラエルの王ダビデは大変な罪を犯しました時、その事に目覚めて、「わたしの罪に御顔を向けず、咎をことごとくぬぐってください。神よ、わたしの内に清い心を創造し、新しく確かな霊を授けてください」と祈っています。ダビデは自分の犯した恐るべき罪に呻きつつも、「神よ、わたしの内に清い心を創造し、新しく確かな霊を授けてください」と祈ったのです。神から与えられている霊、その霊が自分の犯した罪によって神を見えなくしている。しかしもう一度、その霊を「新しく確かな」霊にしてください。これがダビデの切なる願いでした。この祈りは聞かれ、ダビデはその後もイスラエルユダの王としての使命を果たしていったのです。言ってみればこれはダビデのペンテコステです。

ルカ福音書が伝えるあの放蕩息子のたとえ話は、この息子が堕落のどん底で「我に返った」ことを伝えています。この「我に返る」とは、自分は神に造られた人間である。自分には父がある。そういう自分の存在に目覚め、立ち返り、父のところに出かけて悔い改めて赦されていくという神の憐れみと愛のドラマです。この放蕩息子の中に与えられた神の霊は失われてはいなかったのです。ここにもこの息子に見るペンテコステがあります。

ダビデも放蕩息子も、それまでは内に与えられている神の霊を軽視し、神との交わりは命を失っていました。ペンテコステの記念日を迎えた私たちお互いはどうでしょうか。ダビデのように、放蕩息子のように、私たちもペンテコステを体験する必要があるのです。その時あなたもこの聖い霊によってもう一度造り変えられ、「聖霊に満たされ、導かれる生涯」が始まるのです。

（２０１４年７月号）

8月のメッセージ

失われたものを捜して救う神

この日、主イエスは弟子たちと共に、ザアカイの住む「エリコ」の町にやって来られました。町は大騒ぎになったことでしょう。ザアカイもイエス様を見たいものと出かけていきましたが、もう大勢の人だかりで、背の低いザアカイにはとても見えそうにありません。また誰もザアカイのために道を空けてはくれなかったのでしょう。

◇失われている者を捜し求める神

そうしたザアカイの姿を主イエスは、「失われたもの」とご覧になったのでした。この「失われたもの」と訳されている言葉は、ただ迷っている、失われているということではなく、永遠の滅びに向かっているという強い言葉です。つまり、神との交わりがなく、失われているということは、永遠の滅びに他ならないわけです。

ザアカイは何か心に期するものがあったのでしょうか。「イエスを見るために、走って先回りし、いちじく桑の木に登った」のです。主イエスはそういうザアカイを失われている人間と認め、捜していかれ、ザアカイが登っているいちじく桑の木の下に立ち止まられたのでした。ザアカイはただひと目、イエス様を見たいと思っただけなのです。しかしイエス様はそのようなザアカイが「失われている」と見て、彼を捜し求めていかれたのです。ここに私たちは、主イエスというお方の計り知れない大きな愛を知ることができます。

◇**呼びかける無条件の愛**

いちじく桑の木の上にいるザアカイに、イエス様は下から呼びかけられます。「ザアカイ、急いで降りて来なさい。今日は、ぜひあなたの家に泊まりたい」と。ザアカイが何かを頼んだのではありません。イエス様の愛は、誰に頼まれなくても、今のザアカイに一番必要なことをしてくださること、それが「ザアカイ、急いで降りて来なさい。今日は、ぜひあなたの家に泊まりたい」ということでした。ここに私たちは、聖書の神は私たち失われた者に、無条件で呼びかける愛の神であることが分かります。しかもその愛は、「今日は、ぜひあなたの家に泊まりたい」という、相手の懐に飛び込むほどの、激しい愛であります。この「泊まりたい」という言葉は、「そうしなければならない」という、イエス様の側の必然を示す強い言葉です。

神の呼びかけは、神の必然なのです。私たちはこの神の呼びかけをどこまで真剣に、本気で受け止めているでしょうか。ただ聞き流しては、何事も起こらないのです。ザアカイがイエス様に呼びかけられたとき、「ザアカイは急いで降りて来て、喜んでイエスを迎えた」と記されています。ザアカイはそういう決断をしたのです。この決断は、イエス様のザアカイへの無条件の愛がザアカイをそのような決断へと押し出した。イエス様の愛の表れなのです。

◇大いなる救い

イエス様がこの世に来られた最大の御目的は、「失われたものを捜して救うため」、この「救うため」にイエス様の御生涯のすべてが注がれていきました。そこに十字架が起こりました。私たち失われている者を救うために、イエス様が命をかけてくださった。それほどに大きな愛です。私たちは弱く、小さく、愚かです。しかしこのイエス様に出会う時、私たちは信仰を神からの賜物としていただけるのです。それは主イエスが十字架に命をささげて成し遂げてくださったおかげによるもので、神の偉大な賜物です。ですから、大いなる救いなのです。私たちはこのことにもっと感謝し、感動し、喜んでいいのではないでしょうか。

ザアカイがこの日、どんなに喜び、感動したか。ザアカイは立ち上がって、イエス様にこう言ったのです。「主よ、わたしは財産の半分を貧しい人々に施します。また、だれかから何かだまし取っていたら、それを四倍にして返します」と。

愛は愛を生むと言われます。十字架と復活に現されたイエス様の愛に捕えられ、救われた者は、その聖い愛に動かされ、イエス様のために何かをしたいと思うようになるのです。
ザアカイもそのようにイエス様によって変えられました。イエス様はザアカイに、「今日、救いがこの家を訪れた」と明言してくださいました。ザアカイはイエス様に捜し出され、救われたのです。

（2005年8月号）

幼な子の心

「はっきり言っておく。心を入れ替えて子供のようにならなければ、決して天の国に入ることはできない。」（マタイ18・3）

主イエスが弟子たちにこのように話された時、主のお顔は、どんなだったでしょうか。きっと幼な子への、暖かい愛の眼差しに満ちていたことでしょう。主イエスがこのように話されたのは、弟子たちが主イエスのところに来て、「いったいだれが、天の国でいちばん偉いのでしょうか。」と尋ねたからでした。「いったいだれが、天の国でいちばん偉いのか。」人間が心に思い描くことは、いつもこのようなことです。人間の優劣、強弱、善悪、大小、等々。それは果てしなき欲望や比較の世界です。そこからまた、とどまる所を知らない妬みや争い、空しい殺戮、ひいては戦争などが生じるのです。皆が平和を切に願っているのに、それとは程遠い哀しい現実が、今も世界を覆っています。ですから、そうした人間の哀しい現実、実態に対して、主イエスは「幼な子の心」を取り戻すよう、促されたのではないでしょうか。それは「心を入れ替える」ことによって与えられる世界です。もちろん、だれ一人、自分で心を入れ替えることはできません。それは神だけが成し遂げてくださる恵みの世界です。この実現のために、神の御子イエス・キリストの十字架による贖いの御業が成し遂げられたのであります。

私たちがこのイエス・キリストに目を注ぎ、その十字架を信じ、仰ぐとき、キリストが私たちの心を新しく造り変え、「幼な子の心」を豊かに宿してくださるのです。これが「福音」の命です。永遠の救いです。私たちも祈りましょう。「主イエスよ、この私にも幼な子の心をお与えくださいい」と。そして、この祈りは主イエスがそのことを何よりも願い、求めておられるのですから、必ず聴かれるのです。そう信じて、歩み続けましょう。

（2007年8月号）

悲しむ人々の幸い

聖書には、しばしば私たちを当惑させるような言葉が出てきます。「悲しむ人々は、幸いである」という個所もその一つではないでしょうか。どう考えても、悲しみは悲しみで、少しも幸いではありません。大きな試練に遭遇している人に私たちは、「悲しむ人々は、幸いである」と言えるでしょうか。とても口にすることはできません。ということは、この言葉はそれを語られたイエス様を信じない限り、分からない言葉なのです。

◇私たちの悲しみ

この世に生かされている私たちは誰一人、悲しみと無関係ではありません。悲しみの内容や程度の差はありましても、悲しみを経験しない人は一人もいません。その悲しみが過去のものとなって、今はもう忘れてしまったという悲しみがあるでしょう。何年経っても、年毎にその悲しみが深まり、寂しさがつのる、そういう悲しみもあることでしょう。私たちは悲しみに直面しますと人に慰められることを求め、誰も理解してくれないと、人を責め、さも自分がこの世で最大の悲劇の主人公であるかのように考え、ますます悲しみの深みに落ち込むのではないでしょうか。私たちの悲しみは、それがどのような事柄であれ、人や物にはけ口を求めても解決するものではないことを先ず知る必要があります。特にキリスト者として、私たちはこの悲しみの中で、不信仰に陥らないよう、自らに語りかけ、自分を見失わないようにしなければなりません。

◇悲しみの受け止め手

悲しみの中で私たちは、何に出会うことが求められているのでしょうか。私たちが悲しみを経験する時、その悲しみを見つめ、理解し、受け止め、担ってくださるただ一人のお方がおられる。このことに気づき、そのお方に出会うこと、これこそ私たちの悲しみの目的です。その時、私たちはそのお方こそが、「悲しむ人々は、幸いである」と語られた正にその人である、と分かるのです。耐えられないような悲しみの中で、私たちの涙を御自分の「革袋」に蓄えてくださるお方であることを体験することです。（詩編56編）

◇キリストの涙

ヨハネ福音書に記されているラザロの死、そこで涙する者たちのために、「イエスは涙を流された」とあります。そこに私たちは、「悲しむ人々は、幸いである」と言われたお方の心を知るのです。「キリストは、肉において生きておられたとき、激しい叫び声をあげ、涙を流しながら、御自分を死から救う力のある方に、祈りと願いとをささげ、その畏れ敬う態度のゆえに聞き入れられました」（ヘブライ5・7）とも証しされています。

なぜ私たちの涙が、主イエスの涙、そして十字架の出来事につながるのでしょうか。それは帰するところ、私たちの悲しみは、私たちの罪ゆえの悲しみであるからです。そして主イエスの涙は、罪に苦しみ涙する者に出会い、そのすべての罪を赦し、汚れを聖め、罪の重荷、罪責からも解放し、私たちの涙を幸いに変えるために流された愛の涙なのです。ハレルヤ！

（2008年8月号）

主の赦しの中で

「主の祈り」は、〈我らの日用の糧を今日も与えたまえ〉に続いて、〈我らに罪をおかす者を我らがゆるすごとく、我らの罪をもゆるしたまえ〉と祈るよう、要請されています。私たちの「パン」のことと、「罪の赦し」の問題とは切り離せない、切り離してはならない、重要な関係にあるということです。福音書（マタイ、ルカ）には「罪」、すなわち「負い目」と記されていますが、それは単なる「負い目」「借金」ということではなく、私たちの人間としての存在そのもの、人間関係や生活上の一切が見つめられているのです。この「負い目」「罪」の問題は、神との関係を抜きにしては知ることはできません。しかし私たちがこの「主の祈り」を心して祈り継いでいくとき、私たちは自分は何者なのかを知らされ、他の人との関係はどうか、神との関係は本当につながっているのかを問われ、罪に満ちた自分自身に気づかされるのです。

◇深い淵の底から

「主の祈り」のこの個所で私たちは、後半はとても祈れないが、前半の「わたしたちの負い目をゆるしてください」との祈りは祈れる、と思ってはなりません。自分の罪を本当に知らされ、認め、深い悔い改めをもって祈るということは、そう簡単なことではないはずです。

「わたしは黙し続けて絶え間ない呻きに骨まで朽ち果てました。……わたしは罪をあなたに示し咎を隠しませんでした。わたしは言いました。『主にわたしの背きを告白しよう』と。そのとき、あなたはわたしの罪と過ちを赦してくださいました」（詩編32編）と。ここには罪の深い自覚、認罪が見られます。詩編の信仰者はその「深い淵の底」から自分の罪の赦しを求めて祈り、叫び、神の前に訴え、ついに神に出会うのです。

「あなたはわたしの隠れが。苦難から守ってくださる方。救いの喜びをもってわたしを囲んでくださる方」と知らされ、「主に信頼する者は慈しみに囲まれる。神に従う人よ、主によって喜び躍れ。すべて心の正しい人よ、喜びの声をあげよ」と告白します。彼は「深い淵の底」で語りかけてくださる神の細き御声を聞いたのです。

◇「主の祈り」を祈る慰め、希望

「主の祈り」を繰り返し祈る中で、私たちは「わたしたちも自分に負い目のある人をゆるしましたように」というところで、ハタとたじろがされます。その時、詩編の信仰者にならって、私たちの「避け所」、「隠れが」に飛び込みましょう。

「主の祈り」のこの個所は、本来、罪ある私たちには祈れない祈りです。それなのになぜ主はそのように祈ることを私たちに求め、許してくださっているのでしょうか。それは主イエスが、私たちに代わって、私たちのためにすべての「負い目」を担い、すべての「罪」を引き受け、十字架上に血を流し、命をささげて贖いの御業を成し遂げてくださったからです。

ですから、私たちは主の赦しの中でこの祈りを心して祈り継いでいきましょう。

（2009年8月号）

死を越えて

聖書が伝えてやまない、イエス・キリストの福音は、主イエスの十字架と復活につきます。それは何よりも、私たち人間に対する神の限りなく深い、愛の表れであります。憐れみに満ちた神のこの愛の力、それが御子を死者の中から復活させたのです。この事実は、イエスを私の救い主と信じるすべての人に当てはまる、聖書の希望のメッセージです。私たちが「希望」というとき、それがキリストの復活に基づかない限り、いつしかついえてしまいます。罪を赦し、汚れを聖め、罪の束縛から解放していく主イエスの十字架と復活を拠り所とする希望だけが、永遠に揺るがないのです。

主イエスの郷里、ナザレの南東約9キロのところにモレの丘があり、その北麓にナインという村があります。ある日、主イエスの一行はこのナインの村に足を運ばれ、町の門に近づいて行かれました。するとそこに、あるやもめの一人息子が亡くなり、ちょうど今、棺が家から運び出されるところでした。主はこの気の毒な婦人を見つめて深い「憐れみ」を覚えられ、「もう泣かなくともよい」と声をかけられます。そして彼女の方に近づき、その棺に手を置いて死の行列を止められます。これは驚くべきことで、当時のユダヤ人にとって、棺に手を触れることは身の汚れを意味しますから、そんなことをする人はいませんでした。しかし主イエスは死の行列にストップをかけられたのです。担いでいた人たちもビックリしたことでしょう。それ以上に驚いたのは、主が棺の中の若者に、あたかも彼が眠っているかのように、「若者よ、あなたに言う。起きなさい」と命令されたことです。この「あなたに言う」という表現は、日本語としてはなじまないのですが、これは主イエスが神の主権を行使しておられるという意味です。するとどうでしょう、「死人は起き上がってものを言い始めた」というのです。人々は驚き、神を賛美して、「大預言者が我々の間に現れた」と言い、また、「神はその民を心にかけてくださった」と驚嘆しています。

死の行列にストップをかけることのできるのは、復活の主イエス御自身だけです。主が棺の中に横たわっている若者に呼びかけられた、「起きなさい」という言葉は、主イエスが復活させられた時に使われている言葉と同じです。また、「大預言者が我々の間に現れた」という「現れる」という言葉も、「起きなさい」という言葉と同じです。つまり、「大預言者が我々の間に現れた」ということは、イエスが偉大なお方、いや神御自身として、死を征服し、復活して現れてくださったということです。この若者がこの後、どのような生涯をたどったのか、聖書は何も告げていません。確かなことは、この若者も死んだのです。しかし、イエス・キリストの十字架と復活に現された希望の福音は私たちを罪と死から救うだけでなく、死を越えて天の御国に導いて行くのです。ハレルヤ！

（2011年8月号）

神の恵みを忘れるな

ある人が遺産分けをしてくれるように兄弟に言ってくださいと願い出たとき、主イエスは一つのたとえを語ってその人に、「どんな貪欲にも注意を払い、用心しなさい」と警告されました。

◇財産によって左右できない人間の命の尊さ

主イエスの警告は、「どんな貪欲にも注意を払い、用心しなさい。有り余るほど物を持っていても、人の命は財産によってどうすることもできないからである」と続いています。人間共通の問題点に「貪欲」があることを、主は見抜いておられます。なぜなら、「人の命は財産によってどうすることもできないからである」と。ここには人間の命の尊さ、その尊厳が見事に言い当てられています。この「命」とは、人間としての全存在的な在り方にかかわる命のことです。

命の尊さについて聖書は、人間は「神にかたどり」、「神に似せて」創られ、神の命が吹き入れられて「生きる者となった」と記しています。このことは、人間は神との深い関係を与えられて創造され、神との交わりを許されている他の被造物とは異なった、かけがえのない存在であるということです。自分が、神に創造されたかけがえのない、尊い命ある存在であると信じるなら、自分の隣人もまた同じように尊い、かけがえのない存在であることが分かります。いじめや殺害などは到底、考えられないことなのです。聖書は古い時代から、「自分自身を愛するように隣人を愛しなさい」と命じています。これは隣人一般ではなく、「あなたの隣人」のことです。イエス様はこの精神を受け継いで、「あなたの隣人を自分のように愛しなさい」と教えられました。

◇自分中心の罪

主イエスが語られたこのたとえの中には、人間がいかに自分中心で、他人のことを少しも考えていないかが述べられています。彼は思いがけない豊作を得て、「どうしよう」と思案するのです。「どうしよう。作物をしまっておく場所がない」。彼が下した結論は、「こうしよう。倉を壊して、もっと大きいのを建て、そこに穀物や財産をみなしまい、こう自分に言ってやるのだ。『さあ、これから先何年も生きて行くだけの蓄えができたぞ。ひと休みして、食べたり飲んだりして楽しめ』と」。このところの表現は、どこまでも「わたしの作物」であり、「わたしの穀物や財産」なのです。そこに他人のことが入る余地は少しもありません。まさしく自己本位、自己中心です。あたかも自分が手にした今年の豊作が、自分のこれからの人生を保証してくれるかのような錯覚をしています。私たちは明日も分からぬ身です。しかし彼はこれで何年先まで大丈夫と自信満々です。

◇神の恵みへの感謝

その彼に主イエスは、「愚かな者よ、今夜、お前の命は取り上げられる」と言われました。私たちの命は明日ではなく、今夜にも取り上げられるかも知れないのです。この人は、毎日元気で働ける健康は誰のお蔭かを忘れています。豊作は自然の恵みでもあること、彼の畑で働いてくれている人々への思いやりも忘れているのです。自分中心の心は、周りを見えなくさせていきます。彼は「自分のために富を積み」ました。それは少しも悪いことではありません。しかし彼はいつしか、今こうしてあるのはすべて、「神の前に」という視点を見失っていたのです。

（2012年8月号）

裸で逃げだした若者

マルコ福音書の著者とされているヨハネ・マルコは、裕福な家庭に育ち、母マリアの薫陶を受けてキリスト者となり、いとこに当たるバルナバに導かれて伝道に従事するようになります。バルナバは由緒あるレビ族の出で、使徒たちから「慰めの子」と呼ばれていたほどの人物でした。彼は自分の「畑を売り、その代金を持って来て使徒たちの足もとに置いた」と記されています。

バルナバとパウロは第一回伝道旅行の際、このマルコを助手として連れて行きました。しかしマルコはキプロス島を去った後、ペルゲというところで一行と分かれてエルサレムに帰って行きました。どういう理由だったのかは分かりませんが、伝道の厳しさに耐えられなかったのでしょうか。

しばらくしてパウロたちは第二回の伝道旅行を企てます。バルナバは今度もマルコを連れて行きたかったのですが、パウロは、「前にパンフィリア州で自分たちから離れ、宣教に一緒に行かなかったような者は、連れて行くべきでない」と考え、このことでパウロとバルナバの間に意見が激しく衝突し、彼らはついに別行動をとり、バルナバはマルコを連れてキプロス島へ、パウロはシラスを選び、兄弟たちから主の恵みにゆだねられて、出発しました。

しかしこれは対立や分裂ということではなく、福音宣教についてパウロたちが激論を戦わすほど真剣に取り組んだという証拠でもあります。バルナバはパウロにとっては先輩であり、自分を伝道者として世に引き出してくれた言わば恩人です。できれば一緒に協力していきたかったはずです。しかし主に仕えるということは、そうした私情を越えてなされることです。

パウロは晩年、福音のために獄に繋がれますが、コロサイ書には、パウロと一緒に捕らわれの身になっているマルコのことが記されています。また、パウロの最晩年の様子を伝えるテモテ第二の手紙には、デマスがこの世を愛し、パウロを見捨ててテサロニケに行ってしまったとき、「ルカだけがわたしのところにいます。マルコを連れて来てください。彼はわたしの務めをよく助けてくれるからです」と記されています。若者マルコはその後、成長してパウロの信任を得、パウロのよき補助者となったのです。

主イエスが捕縛された場面で、「弟子たちは皆、イエスを見捨てて逃げてしまった」と記されています。このことをマルコが書いた時、いや弟子たちだけではない、この私も同じで、何と私は人々に捕らえられそうになって着ていた亜麻布をつかまれた時、それを脱ぎ捨てて裸で逃げ出してしまった、と自分の失敗を包み隠すことなく、さらけ出しているのです。それは彼がその後、その失敗を主の前に悔い改め、すべての罪を赦され、全く生まれ変わって主の弟子になり、伝道に邁進し、パウロにも許しを乞い求め、弟子とされ、パウロの最晩年に仕え、信仰を貫いていったからです。

メンソレータムでよく知られている近江兄弟社を始めたヴォーリスの著書に、『失敗者の自伝』というのがあります。この人は建築が専門で、24才で来日、83才で亡くなるまで、文字通りキリストの精神を生き抜き、そのスピリットを日本に植え付けました。しかし自分の生涯を、「失敗者の自伝」と名付け、それで足れりとしました。もちろんこの失敗とは、自分の生涯は失敗だったということではなく、自分のような失敗だらけの人間を神様は見捨てずにお役に立ててくださったということです。

聖書の示す信仰、キリスト教の信仰とは、決してきれい事ではなく、失敗だらけの人間をどこまでも愛し、赦し、補い、生かして用いてくださる、そういうキリストの神への揺るがぬ信頼であります。

ヴォーリスは、こう記しています。〈宇宙の造り主は、その造られたものに、深い親心と賢明な御計画を持っておられるということである。そしてそのお導きに無条件に従うという自由な意志さえあれば、神は最も無益と思われる者を用い、生かして下さるということである〉と。

この世の中に失敗しない人など一人もいません。問題はその失敗の中で何を発見し、何に出会うのかということです。ヨハネ・マルコはその伝道のスタートで失敗し、言ってみれば職場放棄をしでかし、主イエスとの決定的な分かれという十字架を前にした時、主の前から裸で逃げ出しました。神を畏れず、人間を恐れたからです。

しかし彼はそうした失敗の中でキリストに出会い、その十字架による罪の赦しをいただき、救われました。救い主に出会ったのです。そしてこのことが彼の生涯の決定的なこととなりました。彼は主の十字架によって新しく生まれ変わり、造り変えられ、生涯、主に従う人となり、ついにマルコ福音書を書き残すという偉業を成し遂げたのです。

わたしたちも神の前に立ち得ない失敗者ですが、主イエスの十字架を信じ、マルコのように、ヴォーリスのように、神の国のために役立つ人間にされたいものです。（2013年8月号）

罪人を救う唯一の御名

ペンテコステ後の弟子たちの伝道活動の最初に、使徒言行録の著者ルカは「生まれながら足の不自由な男」の人に為された神の御業を記しています。この人は、「神殿の境内に入る人に施しを乞うため、毎日『美しい門』という神殿の門のそばに置いてもらっていた」というのです。何とも気の毒なことです。

生まれながら足が不自由というだけでも容易なことではありません。それに加えて、彼は物乞いをしなければ食べていけないほどの貧しさの中にありました。年は40歳。〝四十にして惑わず〟と言われる不惑の年です。同年代の人々はほとんど社会的な立場を得、結婚もしたりして、ごく普通に自立した生活をしていたことでしょう。そういう人たちに出会う度に、彼は惨めな思いにさせられ、憐れな自分を嘆くだけだったと思います。彼はその日その日、人に連れられてきて、神殿の入り口に置かれる。あたかも物体のごとく、そこに置かれているだけです。精一杯声をあげて物乞いをするだけです。これはすべてを人に依存した姿です。そのようにして得たなにがしかのお金はごくごく僅かで、生きるということが不安と隣り合わせ、これが彼の置かれていた毎日の生活状況でした。どんなに辛かったことか計り知れません。

そういう彼の前をある日の午後3時の祈りの時、神殿にやって来たペトロとヨハネが通りがかりました。施しを乞う彼をペトロはヨハネと一緒にじっと見て、「わたしたちを見なさい」と声をかけ、驚くべき言葉を告げました。何かもらえると思って二人を見つめている彼にペトロは、「わたしには金や銀はないが、持っているものをあげよう。ナザレの人イエス・キリストの名によって立ち上がり、歩きなさい」と。「金や銀はない」のなら、余計なお世話をしないでくれ。

そう腹を立ててしまえばそれでお終いでした。しかしペトロたちはそんなことを考える余裕を彼に与えませんでした。声をかけるとすぐさま彼の右手を取って立ち上がらせたのです。すると、たちまち、その男は足やくるぶしがしっかりして、躍り上がって立ち、歩きだした。そして歩き回ったり躍ったりして神を賛美し、二人と一緒に境内に入って行ったというのです。驚くべき奇跡が彼の上に起こったのです。

金や銀をどれほど貰う以上の驚くべき神の御業が彼の上にもたらされたのです。今まで神殿は彼にとって、お金を得るための単なる場所、手段でしかありませんでした。しかしこの日、彼はその神殿の中に入り、神を賛美し始めたのです。これは、彼が身体的にいやされる以上の恵みです。この人は神を賛美する人間に造り変えられたのです。

「わたしには金や銀はない」という言葉は、金や銀に頼らなくても、人間として生きる道がある。それが「ナザレの人イエス・キリストの名によって立ち上がり、歩く」ということです。ペトロたちが持っているものもこの「ナザレの人イエス・キリストの名」でした。

この後、この人がいやされたことを巡って、ペトロたちにユダヤ人たちからの反対、迫害が起こります。しかしペトロたちは、「この人が良くなって、皆さんの前に立っているのは、あなたがたが十字架につけて殺し、神が死者の中から復活させられたあのナザレの人、イエス・キリストの名によるものです」と主イエスの十字架と復活を大胆に証しして、一歩も引きさがりませんでした。そこにペトロたちの信仰が証しされています。そして決定的な言葉が語られるのです。それが「ほかのだれによっても、救いは得られません。わたしたちが救われるべき名は、天下にこの名のほか、人間には与えられていないのです」という言葉です。

イエス・キリストの御名、これこそ私たち罪人を救うただ一つの御名であります。私たちは皆、この御名を信じて救われたお互いです。しかしここで心したいことは、私たちは果たしてこの「イエス・キリストの御名」を、唯一の御名として受け止めているのかどうかということです。唯一ということは、それ以外には私たちを救う名はないということです。これは〝ナンバーワン〟ということではありません。〝オンリーワン〟なのです。〝ナンバーワン〟には、〝ナンバーツー〟が後から追いかけてきます。その意味では、不安定な〝ナンバーワン〟なのです。世界記録であっても、必ずと言っていいほど破られ、記録は塗り替えられるものなのです。しかし〝オンリーワン〟には、〝オンリーツー〟はありません。〝オンリー〟ということは、その言葉が示しているように、一つしかないということです。ですから誰かに追い越されるという不安はありません。あなたがこの世界に一人しかいないように、あなたはかけがえのないあなたとして、置かれた場所で咲き続けていけるのです。素晴らしいことではないでしょうか。

誰でも主イエスを自分のただ一人の救い主と信じて立ち上がるなら、人との比較ではなく、あなたはあなたらしく、イエス・キリストの目を見つめて、そのお方の愛の眼差しの中で生きていけるようになるのです。

この唯一の救い主に、あなたの心を定めてください。

（2014年8月号）

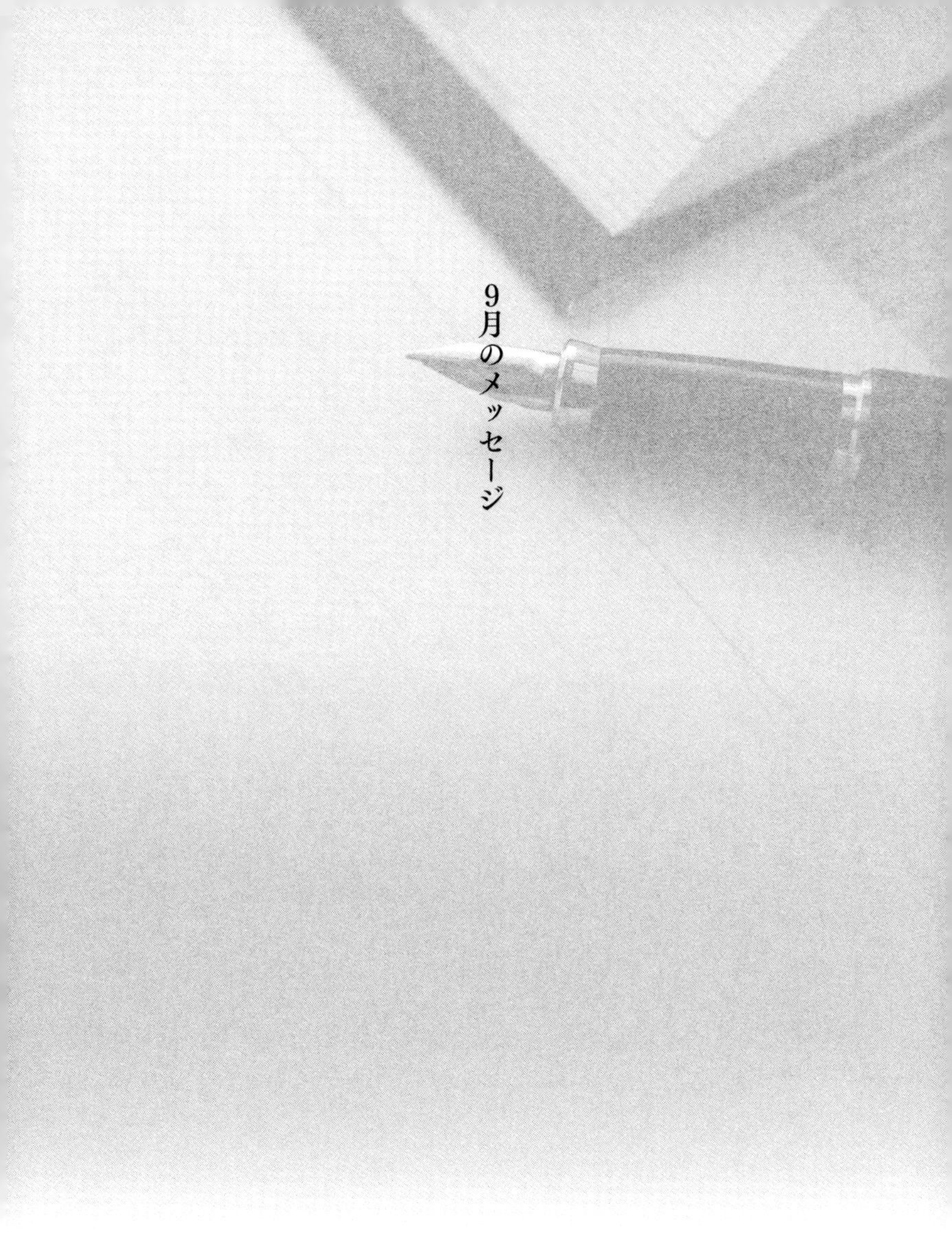

9月のメッセージ

大いなる賜物

聖書の示す救いは、何よりも「罪からの救い」です。このことを抜きにして、仮にどのような救いを得たとしても、それは一時的な応急処置でしかありません。必ずまた破綻が生じ、悪しき堂々巡りが始まることでしょう。

◇罪の現実

まず自分の罪の実態を正しく知ること、このことが重要です。伝道者パウロは、「正しい者はいない。一人もいない。悟る者もなく、神を探し求める者もいない。皆迷い、だれもかれも役に立たない者となった。善を行う者はいない。ただの一人もいない」（ローマ3・10〜12）と教えています。

こうした人間の罪の実態は、いくら努力しても神の栄光を受けることはできません。帰するところ人間があがめられる生き方になり、そこには不必要な人との比較、競争、争いなどが生じていくだけで、まことに哀れで、空しい人生になります。

◇救いの綱、キリスト

それはエンジンの故障したボートに乗って、今まさに滝つぼに吸い込まれようとしているような危機そのものです。しかしその時、上の方からするすると1本のロープが下ろされる。それが救いの綱とも言うべき救い主イエス・キリスト御自身であります。

「ところが今や」（3・21）という二文字は、この罪の現実から私たちを救い出す、一大逆転の宣言であります。「……すべし」という律法の助けを借りずに、しかも「律法と預言者」に代表される旧約聖書のすべてを満たすものとしてキリストの救いは示されました。これがキリストの福音です。しかもこの救いは、「キリスト・イエスによる贖いの業を通して、神の恵みにより無償で義とされる」（24節）もので、決して人間の努力や行い、また立派さに基づくものではありません。まさに恵みの世界です。

◇信仰もまた賜物

それでは、どうすれば私たちは救われるのでしょうか。

このローマの信徒への手紙3章21節から31節までには、「信仰」、「信じる」という言葉が繰り返し出ています。私たちが信じるという時、どこにその重心があるのでしょうか。たとえば、私が信じると、「私」に重心をかけていく信仰は聖書の示す信仰ではありません。確かに信じるのはこの私ですが、私がどんなに逆立ちして信じても、それはやはり頼りない信仰なのです。本気で信じるのですけれども、不十分であることは自分が一番よく知っています。ましてや、神様の前にはどうすることもできないのです。

自分の側に根拠を置かず、こんな自分を愛し、赦し、受け入れ、信じてくださるキリストの真実にすべての拠り所を置くこと、これが聖書の示すキリストへの信仰であり、救いです。ということは、信仰は神からの最大の賜物、唯一無比の賜物ということです。神の御子イエス・キリストが十字架に命と引き換えにして私たちを救ってくださった、このキリスト御自身を、この卑しい私への神からの「大いなる賜物」と信じ、感謝して受けるなら、神は私たちをあらゆる罪のただ中から、死からも救ってくださる、これが聖書の約束です。

（２００３年９月号）

御言葉の確かさ

「ゼファニヤ書」は僅か３章の短い書ですが、そこに語られた主の御心は実に鋭く深いもので、今日の時代の実態が映されている思いです。ゼファニヤが活動した時代は、ヨシヤの時代で、ヨシヤの祖父と父は「主の目に悪とされることを行った」と聖書は明記しています。それほど悪政が続き、政治、宗教、そして国民も堕落し頽廃しており、半世紀以上も続いていました。ヨシヤは神殿で発見された律法の書に心底、心を捉えられ、神の御言葉に思いを傾けて宗教改革を断行して行きました。しかし10年と少し経った頃、メギドでのエジプト軍との戦いに敗れ、真の改革には至りませんでした。哀しいことにこの後、南のユダは急速に終焉へと向かい、ついにバビロンへの捕囚となって国は滅びてしまうのです。その主な原因は種々あったことでしょうが、決定的なことは、彼らが神に背を向け、異教の神々に妥協し同化していったことを、聖書は告げています。歴代の王の中には優れた指導者も少なくありませんでした。しかし、優れた指導者たちの神への信頼は、正しく継続されていかなかったのです。信仰が正しく継続されていくこと、この事は今日の私たちにとってもゆるがせにできない、大きな課題です。

聖書は、「彼らには聞いた言葉は役に立ちませんでした。その言葉が、それを聞いた人々と、信仰によって結び付かなかったためです」（ヘブライ4・2）と結論づけています。ということは、信仰が生活の中心、根底になっておらず、本当は神を信じていなかったということです。ですからゼファニヤは繰り返し、「お前の主なる神はお前のただ中におられる」と語り、神が共にいてくださることを信じるようにと訴えているのです。また主なる神が、「愛によってお前を新たにされる」と告げ、私たちを真に生かすものは神の愛であることを信じるように、と促していったのです。そして、神が「お前のゆえに喜びの歌をもって楽しまれる」と述べ、私たちを受け入れておられる神を信じるようにと激励したのでした。

こうしたゼファニヤの預言は、数百年という歴史の時を超えて、イエス・キリストのご生涯とその十字架・復活に見事に実現、成就していきました。その意味でも、御言葉の豊かさと共に、その普遍の確かさを思わずにはおられません。

すべての価値観がめまぐるしく変転していく今日です。また、これが人間のすることか、とまたもや強い憤りを覚えるテロが多発しています。どのような正当な理由づけがなされようとも、断じて許されない殺戮です。そこからは意味することは何も生まれて来ないのです。今こそ私たちはこの永遠不変の生ける神の御言葉への信頼を篤くし、御言葉に私たちの生活の基盤をしっかりと捉えて進みたいものです。

（２００４年９月号）

天の国の鍵

マタイ16章のこの個所は、マタイ福音書全体の中心部分と言われるほど、重要なところです。舞台はフィリポ・カイサリアで、ガリラヤ湖の北東、約40キロに位置し、当時はローマ皇帝のための神殿やギリシアの神々の像が立ち並んでいたと言われます。今日もそこの洞窟には、「パン神とニンフにささげた神殿」というギリシア語での碑文が残っています。異教の偶像の立ち並ぶ所で、弟子たちはイエスとは誰なのか、という問いに向き合わされ、「あなたはメシア、生ける神の子です」と告白したのです。

◇あなたは私を何者だと

今日、私たちも「わたしを何者だと言うのか」と主から問われているのではないでしょうか。この問いの前に本気で向き合わない限り、この世での信仰は生活とはなりません。ペトロの答えは、彼個人というより、弟子たち全体、もっと言えば、当時の信仰共同体の告白であったと言えます。主イエスはこの告白を大変喜ばれ、しかしペトロ個人の問題にしないために、「あなたにこのことを現したのは、人間ではなく、わたしの天の父なのだ」と教えられました。それはこの告白は、人間の考えや思いでなく、神からの賜物であるということです。主はこの信仰の告白を「岩」にたとえ、「この岩の上にわたしの教会を建てる」と約束されました。この約束を信じ、また誇りに思って、この世での使命を果たしていきましょう。

◇天の国の鍵

もう一つのこと、それは主が言われた「わたしはあなたに天の国の鍵を授ける」という約束です。それは、私たちに与えられている信仰という鍵は、天の国に至る決定権を持っているということです。「あなたが地上でつなぐことは、天上でもつながれる。あなたが地上で解くことは、天上でも解かれる」と。これは、この地上での私たちの信仰の歩みは、天につながっているということ。教会は断じて、この地上での単なる仲良しグループやサークルではないのです。

私たちの最後を支配しているものは、一般的には死と考えられるでしょう。死後の世界を支配するものが、「陰府の力」と表現されています。しかし、イエスを「メシア、生ける神の子です」と告白する信仰は、死によって閉ざされた「陰府の力」を打ち砕き、天の国を開いていく鍵なのです。興味深いことに、「鍵」という語は複数形です。ペトロだけではなく、私たち一人一人にこの「天の国の鍵」は与えられているのです。

罪なき神の御子が、十字架にかかってまで成し遂げてくださったこの大いなる救いの御業、罪を赦すだけでなく、死を征服して復活し、死に勝利された命、永遠の命の主を信じること、そこに私たちの真の喜びと自由があるのです。

（2005年9月号）

内なる人の強化

エフェソ3章の14節以下は、パウロの祈りです。彼がこの手紙を書いたとき、祈りつつ書いたということです。祈る思いの中で書いたのです。それが、この手紙が世紀を超えて神の言葉として読まれている秘密であると思います。

パウロの祈りは、どんな内容だったのでしょうか。

◇内なる人が強められるように

「内なる人」という表現は、聖書に7回ほど使われています。ある注解者は〈人格の中心〉と説明していますが、私はむしろ〈霊性、神を信じる心〉、と表現したいと思います。神を信じる心が育ちませんと、信仰は成長しません。この「強める」という言葉はあのバプテスマのヨハネについて、「健やかに育ち」（ルカ1・80）とか、幼子イエスについて、「たくましく育ち」（2・40）などと訳されている言葉と同じです。

そこには全人格的な成長が意味されており、「強める」とは、御父が、その霊により、神の力をもって私たちの内なる人を強くしてくださるという、恵みの世界です。ですから、私たちの信じる心が神の霊によって強く、健やかに、たくましく、豊かにされていくことです。私たちの信仰が、この「内なる人」と言われている信仰の領域で成長せず、「外なる人」、つまり信仰とは本質的に関わりのないところでどんなに強く、見事に成長しても、それは空しいということです。

私たちは、自分の体調のことはすぐわかります。また、太ったとか、痩せたということも、すぐにわかります。しかし、そうしたことは、ある面で本質的なことではありません。自分が気にするように、人は私たちのことにはさほど関心を抱いてはいないのです。そうした、本質的ではないことに時間や労力、また無駄なお金を浪費している、これが平均的な現代人の実情ではないでしょうか。また、子どものことについても、本質的でないことに、一喜一憂してはいないでしょうか。

こうしたことはすべて、私たちの「内なる人」と深く関わっています。「内なる人」が強く、健やかに育っていきますなら、「外なる人」に、どのように取り組めばよいのかも、自ずと答えが出てくるのです。

◇心のうちにキリストを宿す

これは畏れ多いことですが、こんな卑しい私たちの心にキリストが住んでくださるように、という祈りです。なぜパウロは、そのような大胆な祈りができたのでしょうか。それは、イエス様が、「わたしを愛する人は、わたしの言葉を守る。わたしの父はその人を愛され、父とわたしはその人のところに行き、一緒に住む」（ヨハネ14・23）と約束してくださったからです。ですからパウロは、「キリストがあなたがたの内におられる」（ローマ8・10、Ⅱコリント13・5）ことを信じて疑わなかったのであります。このことは、私たちが主を信じるとき、私たちの信仰の事実となります。信じない限り分からない、絶対に分からない、体験できない世界なのです。

◇愛に根ざし、愛に立つ

私たちの目に見えない部分が、何に根ざしているのか、これは重大な問題です。パウロは私たちの根、つまり信仰の根がキリストの愛に根ざし、キリストの愛にしっかりと立つようにと祈りました。この「しっかりと立つ者」とは、〈土台を据える、安定させる〉という意味です。

信仰の根、信仰の土台、これは共に私たちの信仰の本質にかかわる重要な事柄です。そこがあやふやですと、信仰生活が不安定になります。そのところが破綻しますと、霊的には、命を失ったも同然で、生活を動かしていく力にはなりません。この世の悪の力に負けないよう、「内なる人」を強くしていただき、信仰によって「心の内に」キリストを宿し、信仰の根をキリストの愛にしっかりと張り巡らしていただきましょう。

（２００６年9月号）

先立ち進む神

「神はわたしに慈しみ深く、先だって進まれます」（詩編59・11）

今年も「敬老の日」を迎え、該当の方々には婦人会のナルド会特製の美しいカードに小倉久子姉の墨書された御言葉とささやかな品が教会から贈られます。表記の御言葉がそれで、私たちの信じる神が私たちに「慈しみ深く」あられるとは、なんという慰め、また喜びでしょうか。

この「慈しみ深く」という言葉は、契約に基づく愛のことです。人間の約束事は守られなかったり、破棄されたり、なかなかマニフェスト通りにはいかないのが現実です。しかし聖書の約束は、永遠不変です。なぜなら、神の御子イエス・キリスト様が、私たちのために命がけでその「約束」を成し遂げてくださったからです。それが主の十字架の贖いで、愛による「新しい契約」です。この詩編59編は最後にもう一度「慈しみ深いわたしの神よ」と呼びかけられています。

もう一つ素晴らしいこと、それはここには神が、私たちに「先だって進まれます」と賛美されている点です。年をとると、新しいことに挑戦するのはなかなかむつかしくなります。現状維持も精一杯です。でも御言葉は私たちに、あなたの信じる神は、あなたに「先立って進まれます」。大丈夫ですよ！と声をかけてくれます。なんという力強い励まし、また希望でしょうか。

主イエスは十字架で救いの御業を成し遂げられ、三日目に死を征服して復活されました。その復活の朝、婦人たちが墓で耳にしたのは、「あの方は死者の中から復活された。そして、あなたがたより先にガリラヤにいかれる」との約束でした。

神は常に私たちに「先だって進まれます」。十字架と復活の主もまた私たちより「先に」進まれます。聖霊なる神は、

「前からも後ろからもわたしを囲み
御手をわたしの上に置いていてくださる」（詩編139・5）

執り成し手、助け主です。

（２００９年９月号）

主イエスへの熱情

あるときイエス様が話をしておられる最中に、４人の男の人たちが屋根に穴をあけて中風の人をイエス様の前につり降ろしました。周囲の人たち、またイエス様もびっくりされたことでしょ

う。イエス様は、この4人の人たちの「信仰を見て」中風の人に、「子よ、あなたの罪は赦される」と言って、この人をいやしてくださいました。イエス様はただ単に、この人の病をいやされたのではなく、この人の罪を赦し、この人を罪から解放し、新しい人間に生まれ変わらせてくださったのです。それは、イエス様がこの世に来られたのは、単に人々の病気をいやすためではなく、すべての人を罪から救うためだったからです。

病がいやされても人はいつか死を迎えます。しかし、イエス様の救いをいただいていますなら、私たちは死を超えて、神の国に生きることができるのです。恵みを受けた私たちはこの4人の人たちのように、どなたかをイエス様のところにお連れしていく役割があるのではないでしょうか。「群衆に阻まれて、イエスのもとに連れていくことができなかった」という妨げもあるでしょう。しかし、そこでひるんで止めてしまうのでなく、困難を乗り越えて、イエス様にお願いしていく、そういう祈りと愛の業を勇敢に実践していくことが求められているのではないでしょうか。

この4人の人たちは、イエス様にお願いすれば何とかしてもらえる、そう信じて行動したと思います。でなければ、人の家の屋根をはがすようなことはしなかったはずです。大切なことはイエス様に対するこの「熱情」、パッションです。この思いがない限り、行動は生まれません。パッションから、アクションが生まれ、それが証し、伝道というミッションになるのです。

執り成してくださる聖霊なる神を信じ、イエス様へのパッションを与えられ、勇気をもって、アクション、行動を起こしてみましょう。あなたのためにお祈りをしても良いですかといって、お祈りするだけでもすごいことが始まると思います。

そのようにして取り組んでいく時、私たちの小さな愛の業がイエス様に用いられて、「子よ、あなたの罪は赦される」というミッションにつながっていくのです。その時、神の栄光がこの世に輝きわたることでしょう。信じて立ち上がりましょう。

（２０１１年9月号）

聖霊による希望

教会の誕生は聖霊降臨によって、歴史の出来事となりました。この聖霊によって私たちは、「イエスは主である」（Ⅰコリント12・3）と告白し、主の体である教会に結ばれているのです。ですから、すべてのクリスチャンは、聖霊を受けています。パウロは、「キリストの霊を持たないものは、キリストに属していません」と述べ、「あなたがたは、自分が神の神殿であり、神の霊が自分たちの内に住んでいることを知らないのですか」と問いかけています。この大いなるお方、聖霊ご自身に私たちはもっともっと自覚的に向き合い、導かれていく必要があります。

◇弁護者、真理の霊としての聖霊

ヨハネ福音書には、聖霊は「弁護者」「真理の霊」と述べられています。「弁護者」とは、聖霊のそのような働きが真実で正しいことを示しています。

ローマ書8章に、聖霊なる神が私たちといかに緊密な関係にあり、慰めに満ちた交わりを与えてくださる神ご自身であるかを示しています。このことを覚えて、私たちは聖霊との深い交わりと信頼を揺るぎのないものにしていくこと、そこに、聖霊による希望があります。

◇聖別の霊

聖霊は聖い霊です。ですから聖霊は聖くないものと同居されません。聖霊は私たちの内の聖くないものをことごとく聖別し、私たちを希望に満ち溢れさせてくださいます。

聖霊が私たちの内に宿ってくださっている限り、「その霊によって」、私たちの「死ぬはずの体」は「生かされる」のです。これに勝る希望はありません。

この聖別は信仰によって与えられる神の恵みの御業であり、生涯、聖別され続けていく継続を含んでいます。私たちは事あるごとに、〈主よ、私に聖霊を満たしてください〉と祈り、神がそうしてくださることを信じ続けていく必要があります。そこに、「聖霊に満たされる」という恵みが継続して与えられていくのです。

◇神の聖霊を悲しませてはいけません

パウロはエフェソの信徒に手紙を書き送って、「この聖霊は、わたしたちが御国を受け継ぐための保証である」と語っています。また私たちは、「聖霊により、贖いの日に対して保証されている」とも述べています。こうした聖霊理解は、聖霊が私たちキリスト者の全生涯を守り、導き、支え、最後まで共にあって、御国に至らせてくださることを意味しているのです。ここに聖霊による希望があります。

しかしパウロはそう語りつつも、「神の聖霊を悲しませてはいけません」と警告しています。このことは、「終わりの日」まで日々、聖霊に満たされ続けていかなければならないということ、そしてそのことがいかに容易なことではないかをパウロ自身、よく知っていたからではないでしょうか。ですからこうした御言葉の語りかけは、私たちの信仰生涯に「聖霊を悲しませること」、「〝霊〟の火を消すということ」が起こりうることを示しているのです。このような警告が与えられている事もまた、聖霊による希望と言えます。

使徒言行録5章には、「アナニアとサフィラ」の悲しい事件が記されています。彼らはバルナバの慰めに満ちた行動に動かされ、自分たちもその後に続こうとしたのではなかったでしょうか。

しかし、いざ土地を売ってお金を手にしたとき、彼らの心は聖霊を悲しませることになりました。彼らは夫婦示し合わせて、「聖霊を欺き」、「主の霊を試したのである」と語られています。悲しいことです。でもこれが私たち人間の現実ではないでしょうか。彼らは即刻、息絶えて死んだのでした。

私たちは常に聖霊をあがめ、主に栄光を帰すよう、日々、心がけていかなければならないのです。

（2012年9月号）

そうしてあげよう、清くなれ

聖書には「重い皮膚病」を患っていた人が登場して来ます。「重い皮膚病」と訳された言葉は、その病の様子がどのようなものだったのか、新約聖書では「レプラ」ですが、詳しいことは分かりません。彼らはまず主イエスに、「御心ならば、わたしを清くすることがおできになります」とお願いしました。彼は是が非でもこの重い病をいやしてほしい一心だったはずです。しかし慎み深く、「御心ならば」とお願いしたのです。あるいはこの人は主イエスを信じていた人だったのかもしれません。そうでなければそう簡単に、「御心ならば」とは言えないからです。ここに私たちはこの人の信仰姿勢を学ぶことができます。主イエスに近づく信仰とは、「御心」を求めるという謙虚さです。それは主イエスの前にへりくだる心です。彼が主イエスの前に「ひざまずいて」願ったのはその表れでした。さらに彼は、イエス様には自分の病をいやすことがおできになるという信仰を持っていました。この「おできになります」とは、イエス様への深い信頼そのものです。イエス様の前にひれ伏して御心を求めるという謙虚さ、そしてイエス様にはおできになるという信仰。この素晴らしい信仰姿勢がこの人にはありました。

今一つのことは、この人に対してイエス様が示された「深い憐れみ」です。あの放蕩息子が放蕩の限りを尽くしてぼろぼろになり、そこでようやく目覚めて悔い改め、父のところに帰って来ます。その時、「まだ遠く離れていたのに、父親は息子を見つけて、憐れに思い、走り寄って首を抱き、接吻した」という憐れみです。

この重い皮膚病のことは、人間の病に見る痛みや苦しみ、嘆きや悲しみ、そういうことすべてを表しているとも受け取れます。主イエスは私たち人間が自分ではどうすることもできない罪・咎、病や挫折、誰にも理解されない呻き、そういうただ中に私たちと共にいて、そのすべてを受け止めてくださるお方なのです。私たちの苦悩のただ中に共におられる神、そのお方が人となられたイエス・キリストです。

主イエスはこの人にやさしく声をかけ、「よろしい。清くなれ」と言われました。「よろしい」

とは、「私の意志だ」という意味です。彼は、「御心ならば、わたしを清くすることがおできになります」とイエス様の「御心」を求めました。それに対してイエス様は、「御心だ」「わたしの意志だ」とお答えになったのです。実に単純明快です。その時、「たちまち重い皮膚病は去り、その人は清くなった」と聖書は記しています。

主の前にひれ伏し、へりくだって「御心」を求めるすべての人を主は「深い憐れみ」、「そうしてあげよう、清くなれ」と御自分の意志を実現してくださいます。問題は私たちに主の前にひれ伏して、御心を求める謙虚さ、勇気があるのかどうかということです。この謙虚さ、勇気とは、自分の罪を悔い改めるということです。その悔い改めのしるしに私たちは洗礼を受けるのです。その道を私たちが選ぶかどうか。イエス様は私たちを待っておられます。

（2013年9月号）

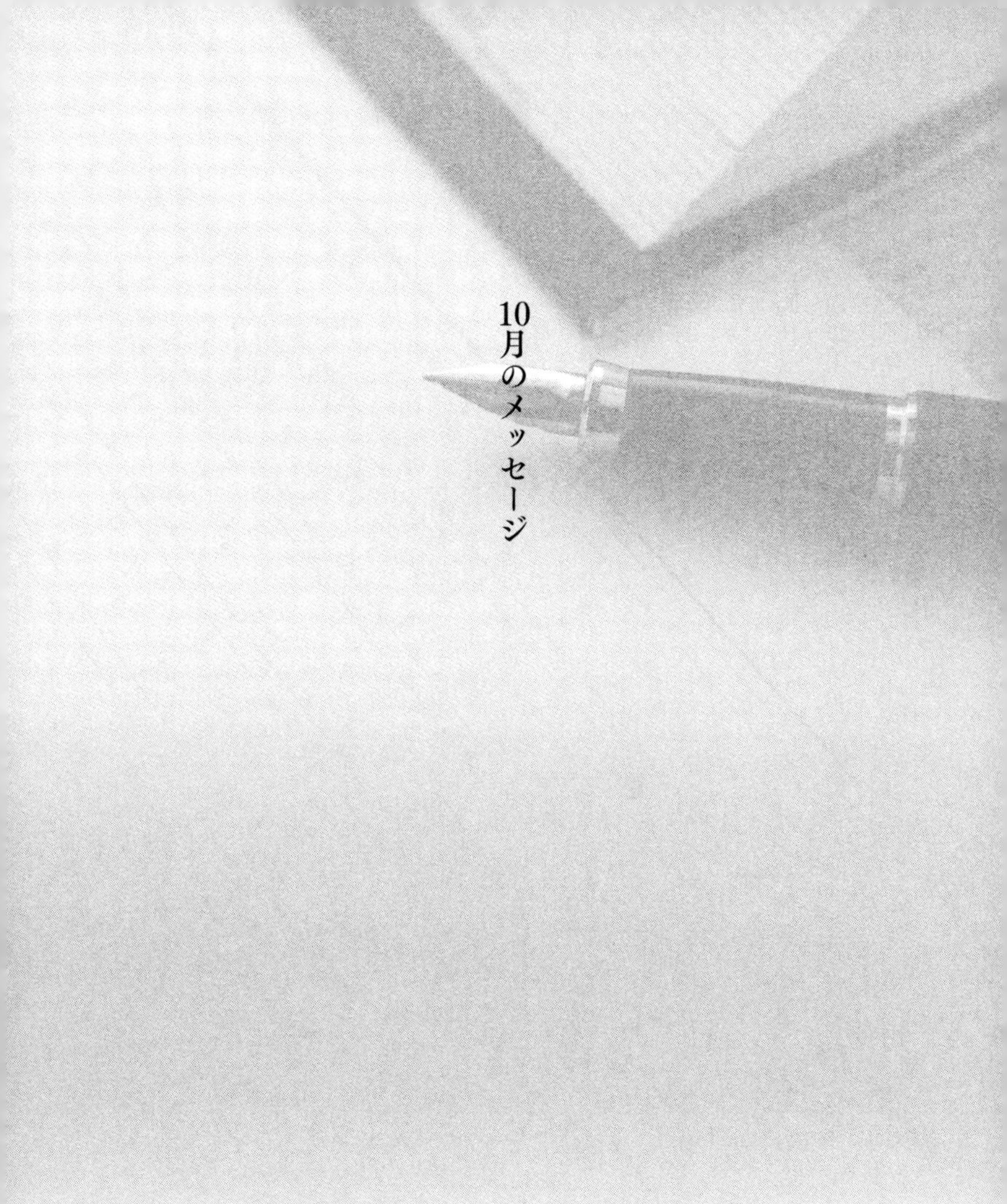

10月のメッセージ

恵みの座

今の時代に求められているもの、それは執り成し手です。私たちキリスト者は、この世にあって、「キリストの使者」とされています。その役目の一つは、執り成しです。ヘブライ人への手紙は、主イエスが私たちの大祭司であることを告げています。

◇完全な執り成し

大祭司の重要な勤めは、執り成しでした。人と人との執り成しも容易なことではありませんが、神と人との執り成しは、人間には到底、不可能なことです。しかしこのことが成り立たない限り、人間は神の前に立つことはできず、いつまでも執り成されず、争い・不和・分裂に閉ざされたままなのです。

旧約の時代、祭司が立てられて、神と人との間を執り成す者とされました。しかしその祭司が人間である以上、その執り成しは、極めて不完全です。そこに、神の御子、イエス・キリストが罪のない完全なお方として、私たちの大祭司となって、私を完全に神に執り成し、つなぐ役目を果たしてくださいました。人間の大祭司は不完全で、自分も死を迎えます。しかし、「イエスは永遠に生きているので」（7・24）、「常に生きていて」（7・25）、とありますように、その執り成しは完全で、私たちは完全に救われるのです。

◇永遠の贖い

大祭司が執り成すとき、そこには当然、犠牲が献げられなければ、その執り成しは成立しません。ですから旧約の時代にはおびただしい動物が、いけにえとしてほふられました。しかしその犠牲もまた不完全ですから、その執り成しは不完全でした。この不完全さを克服する道として、神は御子を十字架にゆだねられたのです。イエス・キリストの十字架の贖いによって初めて、完全な罪の赦しがもたらされ、完全な執り成しが成し遂げられました。

「キリストは、罪のために唯一のいけにえを献げて、永遠に神の右の座に着き」と記されています。ですから、「キリストは唯一の献げ物によって、聖なる者とされた人たちを永遠に完全な者となさった」わけです。

◇恵みの御座に至る

ヘブライ人への手紙の著者は、「だから、憐れみを受け、恵みにあずかって、時宜にかなった助けをいただくために、大胆に恵みの座に近づこうではありませんか」と勧めています。「憐れみを受け」とは、私たちが神の憐れみにあずかれるということです。「恵みにあずかって」とは、イエス・キリストの十字架と復活に生かされる恵みです。「時宜にかなった助けをいただくために」とは、時を失しないように、ということです。これは実に厳かなことです。

そのために、私たちは「恵みの座に近づ」くことが求められています。私たちは、臆病ですから、なかなか近づこうとしません。いずれまた、次回にと、いつまでも先延ばしし、気がついた時には、もう戸が締められた後で、間に合わなかったということにもなりかねません。

安易な気持ちでなく、悔いを残すことのないよう、恵みの御座に近づきましょう。「大胆に」近づきましょう。そこは「恵みの御座」なのです。主が待っていてくださるのです。その意味で、この大胆さとは、私たちの何かではなく、信仰だけということになります。主を信じて、主に近づきましょう。

（２００５年10月号）

この神へ帰って行く

「わたしたちにとっては、唯一の神、父である神がおられ、万物はこの神から出、わたしたちはこの神へ帰って行くのです。また、唯一の主、イエス・キリストがおられ、万物はこの主によって存在し、わたしたちもこの主によって存在しているのです。」（Ⅰコリント8・6）

コリントの信徒への手紙一 8章には、「偶像に供えられた肉」のことが取り上げられています。当時のコリントの町にはおびただしい偶像が立ち並び、人々はそれを神として祭り、礼拝していたわけです。そしてその偶像にささげた動物の肉が一部、安い値段で売買されていました。それを食べることによって、それは偶像に供えられたものだから食べないという人々を躓かせるということが現実にあったようです。

◇神は唯一

これに対しパウロは、偶像などは本来存在しないのだから、その肉を食べてもなんら差し支えない。ただし、それによって弱い良心の人々を傷つけるのであれば、愛のゆえに食べないと、愛の原理を示しました。偶像などはないのだという知識よりも、そこまで理解がいかない人々のために、知識でなく愛を働かせていく。これがパウロの信仰的な生き方でした。

今日も偶像は巷に満ち溢れています。そしてそれは木や金で造った偶像だけでなく、お金を拝み、地位や権力を欲しいままにしている。それらも一種の偶像であります。

そこでパウロは、神は唯一、唯お一人である。自分を産んでくれた母が一人であるように、この天地宇宙を創造し私たちを造ってくださった神は唯お一人。「万物はこの神から出ている。」これがパウロの語っている重要な信仰理解です。

つまり、人間はまことの神を神として信じ、礼拝していかないと、容易に神を作り出し、自分を神としていくということです。ヒットラーが神になり、スターリン、天皇が神とされたことによって、どれだけ多くの人の尊い命が奪われ、非人間的なことが横行して来たことでしょうか。歴史の示す事実です。ここには、神は唯一人、そのお方はこの天地宇宙の創造者、私たち人間をお造りくださったお方であるという聖書の信仰が述べられています。

◇唯一の救い主

次は唯一の主、イエス・キリストがおられるということ。このことは、私たちを救う神は、人となられ、十字架に命をささげ、三日目に死者の中から復活させられたイエス・キリスト唯お一人だけという信仰です。

今日も、どれだけ多くの人々が、神ならぬものに助けや救いを求めて欺かれ、空しい末路を辿っていることでしょうか。そういう生き方では、「存在している」とは言えません。存在するとは、その人が神を信じる信仰によってはじめて生きた存在とされていくことなのです。その時、その人の存在を通して「愛、喜び、平和、寛容、親切、善意、誠実、柔和、節制」（ガラテヤ5・22〜23）という霊の実が結ばれていくのです。今日、日本も世界もさまざまなところで、その反対のことが日々起こっています。私たちが唯一の救い主に出会うこと、そこにのみ希望があります。

◇この神へ帰って行く

ここには父なる神とイエス・キリストのことが言われていますが、聖霊なる神のことが出てきません。しかし、私たちが「この神へ帰って行く」ということを助け、導いてくださるお方こそ、聖霊なる神御自身なのです。その意味でここには、聖書の示す三位一体の神が高らかに賛美され、崇められていると言えます。

聖霊は神の聖い霊であられますから、私たちが汚れたままの心では、「この神へ帰って行く」ということは絶対に起こりません。聖霊に私たちの全存在が聖められ、心の内深くにキリストを宿していただくことです。

「この神へ帰って行くのです」という恵みにあずかれるよう、父なる神を崇め、イエス・キリストの救いにあずかり、聖霊なる神の執り成しをいただきましょう。

（2006年10月号）

究極の支配者（Ⅰコリント15・50〜58）

死を征服されたキリストの復活がまだなかった旧約聖書時代、預言者イザヤは「死を永久に滅ぼしてくださる。主なる神は、すべての顔から涙をぬぐい　御自分の民の恥を　地上からぬぐい去ってくださる。これは主が語られたことである。」（イザヤ書25・8）と確信をもって、死に打ち勝つ世界があることを宣言しています。これは実に驚くべきことです。

詩編の信仰者も、「主をたたえよ　日々、わたしたちを担い、救われる神を。〔セラ〕この神はわたしたちの神、救いの御業の神、主、死から解き放つ神」（68・20〜21）と、自分の信じる神は「救いの御業の神」であって、「死から解き放つ神」であるとその信仰を告白しています。これまた驚くべき信仰です。こうした旧約時代の信仰者たちの死に対する勝利の歌は、エゼキエル書、ダニエル書などにも見られる信仰理解です。

◇死が終わりではない

パウロがイザヤ書やホセア書の御言葉を引用してコリントの信徒に手紙を書き送り、「死よ、お前の勝利はどこにあるのか。死よ、お前のとげはどこにあるのか」と語ったとき、彼の心の思いには、この御言葉がイエス・キリストの復活によってまさしく実現、成就し、キリストを信ずる私たちの信仰の事実になっていることを明らかにしたわけです。

それは、私たちの究極の支配者は死ではないこと、イエス・キリストはその十字架の死をもって私たちのすべての罪を完全に赦し、心のうちに巣食う罪、また罪の性質まで聖め、キリストの復活によって死をさえも完全に征服し、支配し、勝利されたという宣言です。

ですからこの御言葉は、私たちを愛の究極的な支配の中に生かし、神はキリストにあって私たちをこの世のいかなるものにも支配されない自由な人間としてくださっている、そういう神に対する揺るぎない感謝、賛美なのです。

◇命の支配

パウロは、「死のとげは罪であり、罪の力は律法です」と死と罪の恐るべき実態を指摘しながらも、そのとげがキリストの復活の命の支配によって完全に抜き去られていることを、「わたしたちの主イエス・キリストによってわたしたちに勝利を賜る神に、感謝しよう」と賛美して、イエス・キリストこそが私たちの究極の支配者であられることを高らかに宣言しています。

パウロは様々な問題を抱えて苦慮していたコリントの教会の信徒に、「わたしの愛する兄弟たち」と懇ろに呼びかけ、「こういうわけですから」とキリストの十字架と復活の大いなる出来事に思いを向けつつ言葉をついで、「動かされないようにしっかり立ち、主の業に常に励みなさい。主に結ばれているならば自分たちの苦労が決して無駄にならないことを、あなたがたは知っているはずです。」と激励していきました。

◇究極の支配者

私たちの過去、現在、将来を、何が支配していくものでもない、ただ、十字架と復活を成し遂げてくださった救い主、イエス・キリストだけが「究極の支配者」として導いてくださる。このことを確信して、私たちも「世の光、地の塩」としてこの世に遣わされ、主の業に励みたいものです。

（2007年10月号）

十字架の言葉

私たち人間が結ぶ実は、どこから生まれ出てくるのでしょうか。主イエスは、「人の口からは、心にあふれていることが出てくるのである。」（マタイ12・34）と言われました。人間の営みのすべては、各自の心から出てくると。問題はこのやっかいな心の有り様です。預言者エレミヤは、「人の心は何にもまして、とらえ難く病んでいる。誰がそれを知りえようか。」（エレミヤ17・9）と慨嘆しています。人間の心ほど偽りやすく、不確かなものはありません。心は定まりにくいのです。詩編の信仰者は、「神よ、わたしの心は確かです。わたしは賛美の歌をうたいます。」（詩編108・2）と主を賛美しています。その思いは、自分の言葉を神の前に、「確かで」、不動にして欲しいとの祈りです。

箴言には、「何を守るよりも、自分の心を守れ、そこに命の源がある」と記されています。この「守る」とは、物見櫓から見張るようにして、注意深く守れということです。そうするならば、自分の言葉に責任が持てるようになると。そうでないと、「あなたは、自分の言葉によって義とされ、また、自分の言葉によって罪ある者とされる」と主は言われました。私たちの存在を決定的にしていくものが、私たちの言葉だということです。自分の言葉で、「裁きの日には責任を問われる」のだと。これは実に厳しい御言葉です。だれが自分の言葉に責任を持てるでしょうか。私たちは到底、「裁きの日」、主の前に立つことはできません。

しかし感謝なことに、私たちには「十字架の言葉」が恵みとして与えられています。この「十字架の言葉」に、私たちが自分の不確かな心の拠り所を定めていくとき、主が十字架で成し遂げてくださったことが、私たちの信仰の事実となるのです。このことは、主イエスが十字架に命をささげて私たちの言葉に対する全責任を取ってくださっているからです。「十字架の言葉」に固く立って、意味ある言葉を語れる者にされましょう。

（２０１０年10月号）

ぶどう酒がなくなりました

「三日目に、ガリラヤのカナで婚礼があって、イエスの母がそこにいた。イエスも、その弟子たちも婚礼に招かれた。ぶどう酒が足りなくなったので、母がイエスに、『ぶどう酒がなくなりました』と言った。イエスは母に言われた。『婦人よ、わたしとどんなかかわりがあるのです。わたしの時はまだ来ていません。』」（ヨハネ２・１〜４）

私たちの生涯には、「困った」、「どうしよう」という事が起こります。東日本大震災から半年が過ぎましたが、今なお多くの方々が、不自由な生活を余儀なくされ、精神的な苦闘には計り知れないものがあります。愛する方をなくされた方々、家も田畑もなくなった人たち、折角、家を建てたのに、跡形もなく押し流され、残ったのはローンの返済だけ、という方もおられます。「困った」、「どうしよう」ということを通り越して、諦め、無気力に襲われている人も少なくないのではないでしょうか。

主イエスの一行が、ガリラヤのカナでの結婚式に招かれ、出かけていかれました。カナは主イエスが育たれたナザレの北、約13キロのところ。当時の結婚式は一週間ぐらい続いたようですから、十分準備していても、ぶどう酒が足りなくなることはそう珍しいことではなかったようです。マリアは主の所にやって来て、「ぶどう酒がなくなりました」と訴えています。この言葉は、持っていない、もう持ち合わせがない、という意味です。マリアがこのことを主に訴えたということは、マリアの身内の婚礼で、マリアが中心的に裏方を務めていたとも考えられます。何とか助けてほしいというマリアの頼みは、そっけなく断られているようにも思われます。しかしそうではなく、主イエスが何かをなさるその時は、人間の手にあるのではなく、主イエス御自身の手の中にあることが暗示されているのです。その証拠に時が来て主は、「水がめに水をいっぱい入れなさい」と命じておられます。「そこには、ユダヤ人が清めに用いる石の水がめが六つ置いてあった。いずれも二ないし三メトレテス入りのもの」であると説明されています。「一メトレテス」は39リットルで、「二ないし三メトレテス入り」の水がめが六つですから、かなりの分量です。恐らく、その家の貯水槽にある水では間に合わなかったのではないでしょうか。近くの井戸まで行って水を汲んできたとすれば、それが召使いたちの仕事とはいえ、大変な労力だったと思われます。

さて、六つの水がめに、なみなみと水が注がれました。主イエスは、「さあ、それをくんで宴会の世話役のところへ持って行きなさい」と言われ、召し使いたちは運んで行きます。するとどうでしょう。水はぶどう酒に変わっていたのです。婚礼の世話役は花婿を呼んで、「だれでも初めに良いぶどう酒を出し、酔いがまわったころに劣ったものを出すものですが、あなたは良いぶどう酒を今まで取って置かれました」と賞賛しています。なぜ、水がぶどう酒に変わったのか、誰も知りません。知っていたのは召し使いたちだけでした。

このカナの婚礼の物語は、聖書の中でも有名な話です。ここには、いろいろなメッセージが秘められています。心に留めたい一つのことは、マリアがイエスに訴えたように、私たちも主イエスに、「ぶどう酒がなくなりました」と訴えることです。「困った」、「どうしよう」というとき、そのことをありのまま、主に申しあげ、助けを求めることです。主がいつ、「水がめに水をいっぱい入れなさい」と命じられるか、それは分かりません。一年後か、十年後か、あるいは死の間際かもしれません。しかし主イエスは、主に助けを祈り求める人に、必ずその時を来たらせてくださいます。

ヨハネ福音書の6章35節で、主イエスはこう約束しておられます。「わたしが命のパンである。わたしのもとに来る者は決して飢えることがなく、わたしを信じる者は決して渇くことがない」と。また7章37節以下で「渇いている人はだれでも、わたしのところに来て飲みなさい。わたしを信じる者は、聖書に書いてあるとおり、その人の内から生きた水が川となって流れ出るようになる」と。主はいつも私たちをそのように招いておられます。そしてその約束を果たすために、十字架に命をささげ、私たちの救いを成し遂げてくださいました。そして三日目に死より復活させられ、今も生きて私たちのために天の父なる神に執り成しをしておられます。「困った」、「どうしよう」ということをそのままにしないで、主イエスにありのまま申し出ましょう。素晴らしいことがあなたの人生に起こるはずです。

（２０１１年10月号）

キリストと共に生きる

死んだらどうなるのかという素朴な問いがあります。火葬に付されて骨壺に納められ、お墓に納骨される。そして時折、遺族や関係者がお墓参りをする。これが死者の最後、そして死者への一般的な儀礼です。このことは何も悪いことではありません。むしろ、褒められるべきことかもしれません。でも、それだけで良いのでしょうか。聖書は神が人間を創造されたと明記しています。ですから、お骨になって墓に納められてそれでお終いという程度のこととして神は人間を創造されたのではないはずです。

その証拠に、世界中どこを捜しても、イエス・キリストの墓はありません。遺骨を丁重にお納めするということと、そこに亡くなった人がいるという考えとは、まったく別のことです。イエス様も十字架から降ろされた後、アリマタヤ出身のヨセフの墓に葬られました。当時は土葬です。しかし三日目、日曜日の朝早くマグダラのマリアたちが墓に行きますと墓は空っぽで、主イエスはそこにはおられませんでした。悲しみに涙しているマリアに天使は、「あの方は、ここにはおられない。かねて言われていたとおり、復活なさったのだ。さあ、遺体の置いてあった場所を見なさい」と告げています。「あの方は、ここにはおられない」。これが私たちが墓で聞くべき主の御声です。召された私たちの愛する方々は、墓に眠っているのではありません。主イエスは墓にはおられないのです。主は復活されたのです。主が復活して今も生きておられるということは、主を信じて召された者も主と共に生きているということです。

伝道者のパウロはコロサイの信徒に、「あなたがたは、キリストと共に復活させられたのです」と述べ、「あなたがたは死んだのであって、あなたがたの命は、キリストと共に神の内に隠されているのです」と語っています。ここには、死んだ人間がキリストの復活に結ばれて生きている。「あなたがたの命は、キリストと共に神の内に隠されているのです」という希望が告げられています。キリストが生きておられる。だからキリストを信じて召された者も生きている。この信仰が、「あなたがたの命は、キリストと共に神の内に隠されているのです」という告白です。そう信じて進む者に、「あなたがたの命であるキリストが現れるとき、あなたがたも、キリストと共に栄光に包まれて現れるでしょう」という大いなる慰めが与えられるのです。何という幸い、何という喜びでしょうか。

（2012年10月号）

神のなされることは　～山崎明子姉の受洗に寄せて～

「神のなされることは皆その時にかなって美しい」（伝道の書3・11、口語訳）と御言葉にあります。ここには、「神の時」に出会う「美しさ」が述べられています。それはまさに、〝一期一会〟の時です。人の一生には様々な出会いがあります。しかし決定的な時との遭遇は、そう誰にでも巡っては来ません。山崎明子さんはその美しい「神の時」に出会われたのです。ハレルヤ！　と主を賛美せざるを得ません。

今一つはこの「美しい」という意味です。これは単なる美的、感覚的な美しさではありません。この言葉の意味は旧約の詩人が歌っている、「あなたは善にして善を行われます」（詩編119・68、口語訳）という「善」のことです。それは神の時に出会った人を神は最後の最後まで全責任をもって「善を行われます」との保証であります。

この保証とは神の真実です。それが主イエスの十字架の贖いの御業です。明子さんはその意味で、「キリストの時」に出会われたのです。ハレルヤ！
（２０１３年10月号）

死の恐れからの解放

秋も終わり近くなり、改めて人生の終わりを思わされます。生きとし生ける者に死は必ずやって来ます。だれも死を逃れることはできません。人間のいかなる知恵も知識、力、金、その他何であれ、この死から私たちを逃れさせることはできません。聖書は、「人間にはただ一度死ぬことと、その後に裁きを受けることが定まっている」ことを告げています。

旧約聖書の時代、まだイエスの復活が起こらなかったとき、人々は死の恐怖におびえていました。しかし詩編には、「主をたたえよ、日々、わたしたちを担い、救われる神を。この神はわたしたちの神、救いの御業の神、主、死から解き放つ神」という驚くべき賛美がささげられています。詩人は死から解き放たれるという経験をしたのではありませんが、自分たちの信じている神は、「日々、わたしたちを担い、救われる神」であると信じて信仰の道を歩いていたということです。それは彼らが多くの人々の死に直面しながらも、それを越えた世界、「死から解き放つ神」

の支配を望み見て疑わなかったからです。

新約聖書の時代の人々もまた「死の恐怖」を味わっていました。それは、死の奴隷の日々であったということです。しかし、「死の恐怖のために一生涯、奴隷の状態にあった者たちを解放なさる」イエスの大いなる御業によって、死の恐れから解放され、永遠に生きる希望が与えられた。これがイエス・キリストの復活です。

私たちのすべての重荷、苦しみ、痛み、数々の罪を担い、十字架に命をささげてそれらのすべてを赦し、聖め、御子の復活を通して、死の恐怖におびえていた私たちに希望の光をもたらしてくださいました。キリストは、「御自身、試練を受けて苦しまれたからこそ、試練を受けている人たちを助けることがおできになる」(ヘブライ2・18)これが聖書の一貫したメッセージです。

(2014年10月号)

11月のメッセージ

かがみ込む主

ある朝イエス様が神殿の境内で人々に教えておられると、律法学者やファリサイ派の人々が姦通の現場で捕らえられた一人の女性を連行して来ました。「先生、この女は姦通をしているときに捕まりました。こういう女は石で打ち殺せと、モーセは律法の中で命じています。ところで、あなたはどうお考えになりますか」と。彼らのねらいは、「イエスを試して、訴える口実を得るため」でした。イエス様はそこに「かがみ込み」、指で地面に何か書き始められます。その姿は、彼女に向けられている冷たい視線を引き受けておられるとも受けとれます。しかし、彼らがしつこく問い続けるので、イエス様は身を起こしてこう言われたのです。「あなたたちの中で罪を犯したことのない者が、まず、この女に石を投げなさい」と。すると彼らは、年長者から始まって、一人また一人と、立ち去ってしまい、イエス様ひとりと、真ん中にいた女がそこに残されたのでした。

「かがみ込む主」、十字架にまで低く、低く身をゆだねられた主は、裁かれ、殺され、しかし三日目に死者の中から復活し、すべての人への救いを成し遂げてくださいました。

イエス様は身を起こして「婦人よ、あの人たちはどこにいるのか。だれもあなたを罪に定めなかったのか」と尋ねられます。女が「主よ、だれも」と答えたときイエス様は女に「わたしもあなたを罪に定めない。行きなさい。これからは、もう罪を犯してはならない」と驚くべき希望の言葉をかけてくださったのでした。ここに福音があります。

主が、「わたしもあなたを罪に定めない」と言われたとき、この女の罪が不問にされたのではなく、主自らが彼女のすべてを引き受け、その罪を十字架に処罰し、滅ぼし尽くし、彼女のすべてを赦し、新しい明日へと送り出してくださったのです。それが、「行きなさい。これからは、もう罪を犯してはならない」という、主の命令です。「行きなさい」という主のお言葉に、私たちはこの女のこれからの全生涯が主によって肯定され、新しい道へと招かれ、また罪赦された者への使命が託されていることを見ることができます。それはまた、罪赦された者が、罪から解放されて新しい使命に生かされていく希望の明日です。そこに、「わたしは世の光である。わたしに従う者は暗闇の中を歩かず、命の光を持つ」という約束が伴うのです。

この女のその後を聖書は何も告げていません。それは、この恵みが私たちに向けられているからです。

（２００３年11月号）

主の激しい御愛

使徒言行録3章には、「生まれながら足の不自由な男」の人が登場しています。生まれつきですから、この人には何の罪も責任もないのです。物心ついたとき、どんなに悲しかったでしょうか。どんなに悔しい思いをしたことでしょうか。時は流れてもう40歳を過ぎていました。友達はそれぞれ仕事を身につけ、あるいは就職し、結婚し、成功していた人もいたことでしょう。しかし彼は未だに神殿の門のそばに置いてもらって、物乞いをしなければならないのです。人に頼らざるを得ない生活とは、どんなに惨めな思いだったでしょうか。

しかし彼はこの日、ペトロとヨハネたちに声をかけられます。「金や銀はないが、持っているものをあげよう。ナザレの人イエス・キリストの名によって立ち上がり、歩きなさい」と。そしてペトロの言葉に身を任せたのです。するとどうでしょう。「そして、右手を取って彼を立ち上がらせた。すると、たちまち、その男は足やくるぶしがしっかりして、躍り上がって立ち、歩き出した。……民衆は皆、彼が歩き回り、神を賛美しているのを見た。彼らは、それが神殿の『美しい門』のそばに座って施しを乞うていた者だと気づき、その身に起こったことに我を忘れるほど驚いた」と聖書は記しています。彼は生まれつき歩けなかったのです。その彼が、「ナザレの人イエス・キリストの名によって立ち上がり、歩き」だしたのです。もし彼が、ペトロの「金や銀はないが」といった言葉に、〈お金をもっていないのでは、話にならないよ〉とそっぽを向いていたなら、この神の御業に出会えなかった筈です。

しかし彼は、ペトロのなすがままに身を任せたのです。これをイエス様は彼の信仰と認めてくださったのではないでしょうか。信仰とは、何かが分かるということではなく、ありのままの自分をイエス様にゆだねることなのです。この人のいやしと救いについて、ペトロは「ほかのだれによっても、救いは得られません。わたしたちが救われるべき名は、天下にこの名のほか、人間には与えられていないのです」と述べています。

この救われる「べき」という語は《無制限の必然を表す》と言われます。それは、私たちが救われるために、イエス様の激しいまでの愛が無制限に注がれているということです。

イエス様のこの御愛が、十字架にまで行き着き、死を征服した復活をもたらしてくださったのです。主の御愛にお応えしましょう。

（2005年11月号）

ただ信じなさい

福音書の奇跡物語を読んで、どうしてこのようなことが私たちには起こらないのか、と考える人もあることでしょう。でも、イエス様の時代に起こったような奇跡が起こることが必ずしも、信仰というわけではありません。もしそれが信仰というのなら、この世に悩みや苦しみ、病気もないことになります。しかし現実には私たちは様々なことで怖じ惑い、悩み苦しみつつ生きています。

信仰とは、悩みや苦しみがなくなることではなく、悩みや苦しみに支配されずに生きる世界のことです。聖書の奇跡は、信仰によって心の目が開かれていくとき、今も信じる私たちに起こるのです。

マルコ5章に出てくる会堂長ヤイロの幼い娘も、また12年間も出血の止まらなかった女性も、最後は死を迎えました。しかし、彼女たちになされたキリストの御業は今日まで語り継がれています。それは、そこでなされたいやしが永遠ということではなく、彼女たちに与えられた信仰が永遠であるからです。

◇共に歩かれる主イエス

ある時、イエス様のところにユダヤの会堂長の一人、ヤイロという人がやって来て、「わたしの幼い娘が死にそうです。どうか、おいでになって手を置いてやってください」としきりにお願いしました。そこで主イエスはヤイロと一緒に出かけて行かれました。ヤイロは主イエスに来て欲しいと願い、主は「ヤイロと一緒に出かけて行かれた。」ここに福音があります。

しかしヤイロの家に着く前に、主イエスは「大勢の群衆」に取り囲まれ、行く手をふさがれてしまいます。そこに12年間も出血の止まらなかった女性が、主イエスの服に触れたからです。この女性のことを巡って、イエスは時間を取られ、その間に最初のヤイロの幼い娘は死んでしまうのです。ヤイロの家から使いの者がやって来て、「お嬢さんは亡くなりました。もう、先生を煩わすには及ばないでしょう」と。常識的に考えれば、これでもうすべては終わりです。しかしイエス様にはそんな常識は通用しません。主は、「恐れることはない。ただ信じなさい」とヤイロを励まされ、「子供の両親と三人の弟子だけを連れて」、ヤイロの家へと歩き続けられます。

私たちはここに、どのようなときにも、死によって断ち切られたと思われるようなときでさえ、イエス・キリストというお方は、私たちと共にその問題のただ中を歩き続けてくださるお方であること。このことを信じるようにというメッセージなのです。

◇信仰とは、ただ信じること

12年間も苦しんでいた一人の女性は、主イエスのことを聞いて、「群衆の中に紛れ込み、後ろからイエスの服に触れた」（27節）のです。もちろんこのような行為が信仰というのではありません。いやむしろそれは信仰とは異質なことです。

この個所には、「救う」という言葉が3回使われています。23節の娘は「助かり」という言葉。28節の「いやしていただける」、そして34節の「救った」という言葉です。つまりこのところで問題になっていることは、病気がいやされるということ以上の、救いなのです。12年間も苦しんでいた一人の女性は、服に触るかどうかということよりも、このお方は私をいやし、救ってくださるという確信があったのです。それが、群衆に取り囲まれているうちに、とっさのこととして、後ろから服に触るという行動になって表れたのです。彼女はイエスというお方に「いやしていただける」と思い、主イエスはそれを彼女の信仰と受け止めてくださいました。

また、ヤイロも、家から来た使いの者に、「お嬢さんは亡くなりました。もう、先生を煩わすには及ばないでしょう」と言われて、それで終わりにしなかったということです。もちろん、主イエスが「恐れることはない。ただ信じなさい」と言われたからですけれども、それでも彼はお断りをすることもできたはずです。しかし彼は一緒に歩いてくださる主イエスと共に、家に向かって踏み出したのです。大いなる一歩です。

彼の心を支えたのは、主イエスの「ただ信じなさい」、この一言でした。その意味では、12年間も苦しんでいた女性もヤイロも主イエスに本気で向き合わされたと言えます。

◇**新しい歩み——解放の福音**

主イエスはこの女性に、「娘よ、あなたの信仰があなたを救った。安心して行きなさい。もうその病気にかからず、元気に暮らしなさい」と宣言されました。「安心して」とは、平安のうちにということです。彼女は救われ、主の平安に満たされたのです。主は、いやし以上のことを与えてくださるお方です。それが救いであります。これが信じる者に与えられる神からの保証です。主は御自身を信じる者を最後まで支え、導き、救ってくださるお方です。

ヤイロの幼い娘については、「食べ物を少女に与えるように」と指示しておられます。何という主の細やかな配慮でしょうか。この日、少女は驚くべき経験をしたのです。しかし、大人があれこれ話しても分かりません。しかし、何かを食べることによって、心が落ち着き、平安のうちに歩むことができる。これが主のお心でした。その意味で信仰とは、すべてから解放されて主の平安の中を歩き続けることなのです。私たちもそのように導かれたいものです。

（2006年11月号）

聖餐――生けるキリストに出会う場

聖餐は、教会の定めによって洗礼にあずかった人が受けるただ一つの礼典です。主イエスは十字架を前にされた木曜夜、弟子たちと共に最後の晩餐を過ごされました。そのときの聖書の個所には、「弟子たちに与えて」（マタイとマルコ）、「使徒たちに与えて」（ルカ）と言われています。キリストの救いはすべての人に与えられ、すべての人が招かれ、その救いを信仰によって受けることができます。しかし聖餐はその最初の日から、「弟子たち」、「使徒たち」に与えられたものです。すべての人にではなく、キリストの弟子とされた者への約束であり、神からの賜物です。パウロも、「わたしがあなたがたに伝えたことは、わたし自身、主から受けたものです」と受け止め、そのように人々に伝えたのです。

◇信仰をもってあずかること

聖餐にあずかるということは、聖餐を受ける側に信仰がなければ、本質的には何の意味もありません。この信仰ということが聖餐では決定的なことです。

改革者カルヴァンは、〈信仰によって受けいれるのでない限り、何も与えないし、何の益にもならない〉と述べています。信仰によって聖餐にあずかり、主イエスの十字架、つまり罪の赦しに新しく出会い、主イエスの復活、つまり死を征服した主の命に新しく出会うのです。このイエス・キリストを信じる信仰によって聖餐にあずかることを、しっかり心に刻みましょう。

◇生けるキリストに出会う

信仰をもって聖餐にあずかる時、主の十字架による罪の赦しと主の復活による死に対する勝利、永遠の命にあずかることが与えられます。これが聖餐によってもたらされる恵み、祝福であります。このことはまた、「わたしの記念としてこのように行いなさい」と言われていることに深くつながっています。

ウェスレーは、若き29才の頃、母スザンナからの手紙で、聖餐は〈キリストの臨在のおかげで、私たちはしるしばかりか、しるしが指し示している実在――キリストの受肉と苦難による功績のすべてをしるしと共に受ける〉ということを知らされます。ウェスレーにとって聖餐は、生けるキリストに出会う場でした。今日の私たちもまったく同じで、信仰をもって聖餐にあずかるとき、聖餐の場に現実に臨在しておられるキリストが私たちに出会ってくださる。私たちはこのことを聖霊の執り成しを通して、手で触り、口でパンを食べ、目で確かめてぶどう液を味わうように、確かに体験できるのです。これが聖餐を通してキリストが私たちにもたらしてくださる、計り知れない祝福です。

◇主が来られる日まで

そしてこの聖餐にあずかるたびに私たちは、「主が来られるときまで、主の死を告げ知らせるのです」と言われているように、聖餐の場は、再臨の主にお会いする備えを与えられていく、実に厳かな、かけがえのない場なのです。聖餐を重んじることが、私たちの極めて重要な信仰の養いとなるのです。

（2007年11月号）

主のために

山上の説教の最後が、「義のために迫害される人々は、幸いである」というところに、山上の説教の重さと深さがあります。なぜなら、主イエスがそのように語られたその後のキリスト教の歴史は、迫害を通ってこその歴史に支えられての日々だったからです。従って、この山上の説教は、教会を担うキリスト者に向けて語られたメッセージと言えます。迫害とは、単に私たちの身体を痛めつけ、生命に危害を加えて奪うだけでなく、私たちの信仰を揺さぶり、捻じ曲げ、巧みに妥協させ、骨抜きにしていくことです。そしてこの「迫害」とは、過去に起こったことだけでなく、今も起こっており、これからも起こり得ることなのです。

「義のために」とは神のため、福音のため、信仰のためという広い意味。私たちは最後にこの「義の」という扉をくぐり抜けて初めて、「天の国」に至るのです。その歩みはさらに、「ののしられ」、「身に覚えのないことであらゆる悪口を浴びせられる」ことでもあるのです。私たちは、大きな怖れを抱きますが、しかし主イエスは、「喜びなさい。大いに喜びなさい。天には大きな報いがある」と、天にある幸いを指し示しておられます。「幸いである」とは、地上だけでなくスケールの大きい、永遠的な祝福なのです。そして、「あなたがたより前の預言者たちも、同じように迫害されたのである」と告げて、私たちの歩みがただ単に今という事柄だけでなく、聖書に証しされている「預言者たち」が受けてきた迫害の系譜に繋がっていること、その歴史の事実に目を向け、そのことを忘れないようにと、促しておられるのです。

もし私たちがクリスチャンであると言いながら、自分のため、何かのためということを価値基準にして生きているのなら、迫害に耐え得ないだけでなく、「天の国」は私たちの内には到来しないでしょう。神以外のものが私たちを支配している限り、真の幸いを得ることはできません。「義のために」と言い、「わたしのために」と言い、そのことには「天の国」、神の支配がかかっていることを覚えましょう。また私たちの信仰を大胆に、確信をもってこの世に示していけるよう、聖霊なる神の執り成しと導き、また絶えざる臨在を祈り求めていきましょう。

（２００８年11月号）

主は救われる人を加え

「こうして、主は救われる人々を日々仲間に加え一つにされたのである」（使徒２・47）

何と慰めに、そして希望に満ちた御言葉であろうか。教会の伝道は、主が救われる人々を仲間に「加えて」くださる主の御業なのである。主イエスは、「時は満ち、神の国は近づいた。悔い改めて福音を信じなさい」（マルコ１・15）と告げて神の国の宣教を開始された。以来、主はどのような自意識をもってこの業を進めていかれたのであろうか。

◇父なる神に「遣わされている」との自覚

主は御自分の使命が、「わたしをお遣わしになった方の御心を行い、その業を成し遂げること」（ヨハネ4・34）にあると信じておられた。また「わたしをお遣わしになった方は真実であり」、「わたしをお遣わしになった方は、わたしと共にいてくださる」（8・26、29）と。私たちもその主に遣わされていると信じて伝道に励むなら、事は必ず成るのである。

◇父なる神に「愛されている」との自覚

主イエスが洗礼を受けられた時、「あなたはわたしの愛する子、わたしの心に適う者」（マルコ1・11）という声が、天から聞こえたという。主は生涯、自分は父なる神に「愛されている」と信じ続けて、宣教に励まれた。であればこそ、十字架上で「なぜわたしをお見捨てになったのですか」（15・34）との壮絶な苦闘の中でも、父なる神を「わが神」と信頼していかれたのである。私たちも「主に愛されている」と信じ続けて伝道に邁進したい。

◇一人の人が悔い改めれば

主イエスの伝道は、「一人の人」への愛に充ち満ちていた。有名な「羊飼い」のたとえの中で、「悔い改める一人の罪人については、悔い改める必要のない九十九人の正しい人についてよりも大きな喜びが天にある」（ルカ15・7）と。それは「まだ遠く離れていたのに」わが子を認めることのできる愛である。放蕩の限りをつくして帰って来た息子に「憐れに思い」、走り寄る愛である。

そのハートが息子に飛び出していくほどの愛である。

今年もクリスマスが近づいた。主イエスが救われる人を加えてくださると信じ、主の宣教に参加したい。

（２０１０年11月号）

主の愛の迫り

時を知るということは、容易なことではありません。三年余、御傍近くに仕えた弟子たちも、主イエスの十字架の時を察知することはできませんでした。

祭司長たちは主イエスを捕らえて殺そうと相談するが、過越祭の間は「民衆の中に騒ぎが起こるといけないから」と、自分たちの思いで時を見送ろうとしていました。しかし、主イエスは、「過越祭」の最中に、十字架の道へと進まれました。人間の思いを越えて、神の御計画が成し遂げられたということです。ユダが手引きをして主イエスをユダヤの指導者たちに売り渡したこと、それをも越えて、神は御自身のご計画を成就されたのです。それが神の時でした。そうした切迫した時が刻まれていく中、主イエスはエルサレムから3キロほど離れたベタニアのとある家で食事の席に着かれます。

するとそこに「極めて高価な香油の入った石膏の壺」をもった「一人の女」が来て主イエスに近寄り、頭に香油を注ぎかけました。それに気づいた弟子たちは憤慨し、「なぜ、こんな無駄使いをするのか。高く売って、貧しい人々に施すことができたのに」と非難します。しかし主は平然として、「なぜ、この人を困らせるのか。わたしに良い事をしてくれたのだ。貧しい人々はいつもあなたがたと一緒にいるが、わたしはいつも一緒にいるわけではない。この人はわたしの体に香油を注いで、わたしを葬る準備をしてくれた」と彼女のしたことを喜び、高く評価してくださいました。

常識的に考えるなら確かにこれは異常なこと、無駄なことです。高い値のついたであろうその香油を売ったお金で、貧しい人を助けることができたはずです。しかし主イエスの見方は違っていました。主は、「はっきり言っておく」と注意を促しながら、「世界中どこでも、この福音が宣べ伝えられるところでは、この人のしたことも記念として語り伝えられるだろう」と結論づけられたのです。当時の人々は、「過越祭」の間は、イエスを十字架につけることは起こらないだろうと考えていました。しかしこの女性は、主の最期が迫っていることに気づいていたのです。ですから彼女は自分にできる最善を主に差し向けたのでした。もちろんこれは彼女の意志です。

しかしなぜ彼女はそういう思いにさせられたのでしょうか。この個所と同じ記事は、マルコ福音書にもほぼ同じように記されています。ヨハネ福音書には、同じベタニアの住人でマルタ、ラザロのきょうだいマリアのこととして述べられています。ルカ福音書にはこの女性は、「罪深い女」と記されています。そうした個所から分かることは、この女性はイエスに自分の罪を赦され、主イエスに深く愛されていた人だったということです。なぜ彼女がこのような行動に出たのか、それは彼女が主の十字架の時に気づき、主の愛に迫られたからです。

私たちも主イエスに罪を赦された者として、日々そのことを感謝して生きていくなら、主の愛の迫りを信仰の眼をもって見ることができるのです。その時、この女性のように、今何を成すべきかも示されることでしょう。

（2012年11月号）

主よ、憐れんでください

イエス様の一行がエリコの町を出られると、道端に座っていた二人の盲人が、「主よ、ダビデの子よ」と叫び始めました。彼らはイエス様を「ダビデの子」と信じていたのでしょうか。そのような信仰が彼らにあったのかどうか、詳しいことは分かりません。ただこの日、彼らはダビデの子イエスがエリコの町を通られると聞き、目は見えないのですが、声の限り、「主よ、ダビデの子よ、わたしたちを憐れんでください」と叫んだのです。

いつものように「群衆は叱りつけて黙らせようとした」が、この二人はますます、「主よ、ダビデの子よ、わたしたちを憐れんでください」と叫び続けていきました。大勢の群衆にめげず、彼らはたった二人で、「主よ、ダビデの子よ、わたしたちを憐れんでください」と叫び続けたのです。神に呼び求める祈りは、反対するものがどれだけ大勢であろうとも、それにめげることなく、僅か二人でも相手に挑戦していく、祈りにはそれほどの力があります。

ここには、イエス様に対するこの二人の真摯な思いが吐露されています。一人であっても、二人であっても、真実に向かって突き進んでいくこと、それが信仰であります。この二人の叫び、祈りは、ここにおいて信仰の叫び、信仰の祈りとなりました。

後に教会は、「キリエ・エレイソン」という祈りを祈るようになるのですが、この祈りはこの二人から始まったのではないかと思われます。この日の彼らの叫びは、それほどの歴史的な意味をもっていると考えられます。

このときイエス様は、彼ら二人のすべてを見ておられました。そして立ち止まり、二人を呼んで、「何をしてほしいのか」と尋ねられました。二人は即座に、「主よ、目を開けていただきたいのです」と答えています。主が深く憐れんで、その目に触れられると、「盲人たちはすぐ見えるようになり、イエスに従った」と記されています。

彼らは単刀直入に自分たちの思いをイエス様に申し上げています。彼らが金を求めず、あるいはその他の何かを求めていないことに、大きな意味、また慰めがあると思います。なぜなら、信仰とはただ一つのことを求めることだからです。そしてこの日、そのことは叶えられました。彼らが「イエスに従った」ということは、彼らのその後の全生涯が、そのような生き方になったことを指し示しています。

この日彼らにもたらされたものは、目が見えるようになるという病のいやし以上のことでした。「わたしたちを憐れんでください」との祈りはここに叶えられたのです。

この34節に、「深く憐れんで」と訳されている言葉は、「はらわた」を意味する語で、この二人に対するイエス様の深い憐れみ、限りなく深い愛を意味しています。ここには、彼らが叫んだ「憐れんでください」とは違う用語が使われています。彼らの心に対して、主もまた御自身のはらわたを燃えたぎらせる思いで、応えられたということです。愛はこのように相呼応する。それが彼らの目が見えるようになったにもかかわらず、「イエスに従った」という、新しい応答をもたらしたということです。

私たちは今、「何をしてほしいのか」とイエス様に問われたら、何とお答えするでしょうか。彼らは、ありのまま、単刀直入に、「主よ、目を開けていただきたいのです」と答えています。それがその日の彼らの求めるすべてであったからです。

今の私たちの求めるすべては何でしょうか。「主よ、わたしを憐れんでください」これが今の私たちの求めのすべてではないでしょうか。すべては、「主よ、わたしを憐れんでください」との祈りに終始する、これがまことの祈り、ひたすらな祈りなのです。そう主に祈り求めつつ、導かれて参りましょう。

（２０１４年11月号）

12月のメッセージ

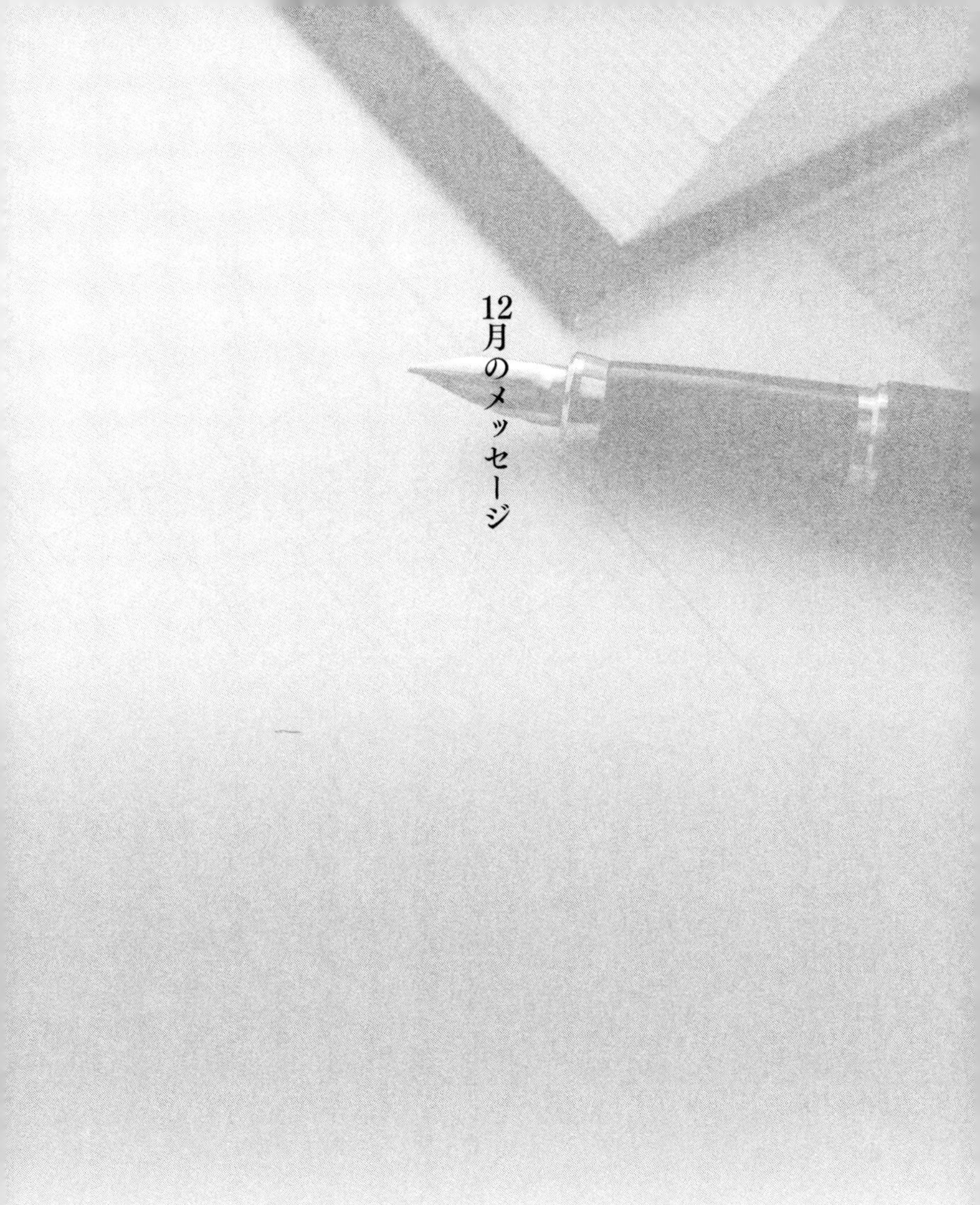

罪人を救うため

クリスマスは、御子の誕生という喜ばしい出来事ですが、それ以上に、神が人となられたという、驚くべき一大事件でした。神が人となられた。これはどう考えてもありえないこと、人間には理解できないことです。しかしこの信じられない出来事のただ中にヨセフとマリアは黙々と仕えていきました。これまた信じられないことです。もちろんヨセフやマリアは最初からそのように神の御計画に従っていったのではありませんでした。

◇クリスマスは決断の時

マリアの懐妊が知らされたとき、ヨセフは「ひそかに縁を切ろうと決心した」とか、「このように考えていると」と記されています。こうした表現は、ヨセフがどんなに深く悩み、苦しみ、心を痛めていたのかを何よりもよく伝えています。

ヨセフはどのようにしてこの信じられない神の出来事に仕えていく人間とされたのでしょうか。いろいろな要素があったことでしょう。ただ一つ、聖書がはっきりと伝えていることは、「この子は自分の民を罪から救うからである」という神からの示しをヨセフが信じて立つ決断をしたことです。ここに、クリスマスの救済的意義があります。「自分の民を罪から救う」という務めは人間にはできない。それができるのは神の御子だけである。とすればマリアの懐妊は神の御業である。それなら自分たちはその神の御業に心を込めてお仕えしていかねばならない。これがヨセフの決断ではなかったでしょうか。

◇クリスマスと罪の赦し

こうしたヨセフの歩みを通して、私たちは、本当のクリスマスに出会う道は罪の赦し無くしてありえないことを知らされます。罪とは何でしょうか。マタイはこの福音書を記すに当たって、その冒頭に「アブラハムの子ダビデの子、イエス・キリストの系図」と書いています。

それは、救い主はダビデの子孫から生まれるという預言が成就したことを示すためですが、また一つにはヨセフがそのダビデの子孫であることを明らかにするためでもありました。しかしこの系図から明らかなことは、それが人間の罪の歴史であるということです。当時の男性中心の系図に四人の女性が記されているのはそのためです。タマルは、義理の父親ユダの罪を示しており、またラハブは遊女でした。ルツは異邦の女性ですし、ウリヤの妻バト・シェバはダビデ王の罪を明らかにしています。

しかし、御子イエスの誕生は、そうした人間のすべての罪を背負う形で起こった出来事でした。それは、御子イエスが「自分の民を罪から救う」ため、ただそのことのためだったからです。ですから私たちがクリスマスの本当の命に出会う道は、私たちが自分の罪を赦されることによってもたらされるということです。このアドベントに私たちが新しく主の十字架を仰いで、そこに私のすべての罪が完全に赦されていることを信じていきますなら、私たちは聖書の示すクリスマスに出会えるはずです。

◇クリスマスはインマヌエル

マタイは、御子のご降誕が預言の成就であることを確信し、繰り返しそのことを記しています。特にこの1章には有名な預言者イザヤのインマヌエル預言が取り上げられています。紀元前8世紀半ば、北のイスラエルがアラム（シリア）と同盟し、時の覇者アッシリアに反旗を翻し、南のユダにもその同盟に加わるように求めて来ました。そのとき、「王の心も民の心も、森の木々が風に揺れ動くように動揺した」（イザヤ7・2）と記されています。そのとき預言者イザヤは、王に神への絶対信頼を勧め、神は神を信じる者と共におられるとインマヌエルの預言をしたのでした。そしてこの預言は御子イエスのご降誕によって成就したのです。マタイがこのところでこの預言を引用している意味は、インマヌエル、「神は我々と共におられる」とは、罪赦されたものと共におられるということに他ならないということです。罪が赦されない限り、人間は神と共にいることはできません。

どのような人間であっても、罪赦された者と共に神はおられるのです。その意味において、このクリスマスに私たちは十字架を新しく仰いで、自らの罪が赦されていることを深く感謝し、また同時に、主が罪赦されているこの私と共にいてくださることを感謝しつつ進みたいものです。きよめられた魂とは、自分を日々新しくイエス・キリストの十字架に見い出す人のことです。それはまた、自らの欠け、弱さ、驕り、高ぶりなどを、その都度、十字架のキリストに明け渡し、聖書によって日々新しくされていく人のことです。

そのようにしてこの年のクリスマスを心静かに導かれて参りましょう。

（2003年12月号）

主は共に

マタイが救い主の誕生をイザヤの預言の成就として告げています。その預言から、約700年後に、イエス・キリストは人となって、この世にお生まれになったのです。信仰の世界は、それほどの待望を私たちに求める世界です。今の時代、私たちはこの待つということが不得手になってきているのではないでしょうか。待つことを強いられたヨセフを支えていったのは、「インマヌエル」、「神は我々と共におられる」という事実でした。

◇聖霊の働きへの服従

ヨセフは「正しい人であった」と紹介されています。この「正しい人」とは、神を畏れ、律法に忠実な人、という意味です。ですから、「マリアのことを表ざたにするのを望まず、ひそかに縁を切ろうと決心した」のです。しかし、天使はこのことが聖霊の働きによってなされたことをヨセフに告げ、「恐れず妻マリアを迎え入れなさい」と神からの励ましを伝えます。聖霊のこの働きに服従することによって、ヨセフは律法を超えることができたのです。マリアが結婚前に懐妊したということは、どう説明しても人を納得させられることではありません。越えられない壁です。越えられない淵です。しかしヨセフは聖霊の働きに服従して、この限界を超えて進むことができたのです。服従するとは何かをすることではなく、聖霊の働きに身を任せること、ただそれだけです。

◇御言葉への服従

マタイ1章から2章の中に、「主が預言者を通して言われていたこと」という表現が繰り返し出てきます。このことは今日から言えば、聖書の御言葉の約束を通して、ということです。ですからヨセフは、御言葉に服従していくことを通して、「インマヌエル」、「神は我々と共におられる」ということを経験していったのです。

この聖霊の働きへの服従と御言葉への服従は、マリアにおいても同じように受け止められています。マリアもまた、越えられない壁を、聖霊に導かれ、「わたしは主のはしためです。お言葉どおり、この身になりますように」との信仰に立って、乗り越えたのです。

◇インマヌエルに見る教会

「神は我々と共におられる」という「我々」とは、ヨセフとマリアの二人です。彼らが聖霊に導かれ、人間的にはどうすることもできない限界、大きな壁の一つ一つを越えさせられたのです。そこに教会があります。

今日の私たちも、超えられない限界、壁に直面します。しかし、神は「我々と共に」おられるのです。教会と共におられるのです。教会とは何でしょうか。それはこのようにして週ごとに礼拝をささげて進む、礼拝共同体です。教会の交わりを通して導かれる交わりの共同体です。そしてまた、この「インマヌエル」、「神は我々と共におられる」という大いなる恵みをこの世に届けていく、使命共同体です。

このアドベントに、私たちがそうした祝福の中に今こうして置かれていることを深く感謝し、一人でも多くの方にこの恵みを伝えるよう、主にお仕えして参りましょう。（２００５年12月号）

クリスマスは決断の日

「さあ、ベツレヘムへ行こう」（ルカ2・15）

世界で最初のクリスマスはどんなだったでしょうか。聖書には、ヨセフとマリアがベツレヘムにいるうちに、「マリアは月が満ちて、初めての子を産み、布にくるんで飼い葉桶に寝かせた。宿屋には彼らの泊まる場所がなかったからである」と記されています。この光景は、幼子の誕生が人知れず、誰からも顧みられることなく、しかし確かな出来事としてもたらされたことを示しています。今日、世界中のクリスマスはデコレーションで満ちあふれています。「クリスマス」とは、キリストのマス、つまり礼拝という意味ですから、本当は、御子への礼拝がすべてなのです。どうすれば私たちもキリストを礼拝するクリスマスに出会えるのでしょうか。

◇ヨセフの決断
婚約中のマリアが身ごもっていることを知った時のヨセフの心境は、想像を超えています。「ひそかに縁を切ろうと決心した」というところに、ヨセフの優しさが汲みとれます。しかし「マリアの胎の子は聖霊によって宿った」ことを告げられ、ヨセフは「主の天使が命じたとおり」マリアを妻として迎え入れ、主の降誕に懸命に仕えていきました。

◇マリアの決断
マリアは体調の変化に気づいて驚き、苦悩したことでしょう。「おめでとう、恵まれた方」と天使に告げられても、「どうして」と尋ねる以外にはなかった筈です。しかし「神にできないことは何一つない」と示され、「わたしは主のはしためです。お言葉どおり、この身に成りますように」と神の御言葉に心を定めていきます。

◇羊飼いたちの決断
ベツレヘムの野原で野宿をしながら、夜通し羊の群れの番をしていた羊飼いたちにも、救い主の誕生が告げられました。「恐れるな。わたしは、民全体に与えられる大きな喜びを告げる。今日ダビデの町で、あなたがたのために救い主がお生まれになった。この方こそ主メシアである。

あなたがたは、布にくるまって飼い葉桶の中に寝ている乳飲み子を見つけるであろう。これがあなたがたへのしるしである」と。その後、ベツレヘムの夜空に、天使と天の軍勢の一大賛美が響き渡ります。「いと高きところには栄光、神にあれ、地には平和、御心に適う人にあれ」と。すると羊飼いたちは、「さあ、ベツレヘムへ行こう」と自分たちに告げ知らされたことに応答し、ベツレヘムの家畜小屋に急ぐのです。彼らもそのような決断をしたのであります。

探し当てた飼い葉桶には、告げられたとおり、幼子が寝かせてありました。「羊飼いたちは、見聞きしたことがすべて天使の話したとおりだったので、神をあがめ、賛美しながら帰って行った」と記されています。羊飼いたちの、喜びと希望に満ちあふれた、そしてどこか誇らしげな姿が目に浮かぶようです。

◇私たちの決断

クリスマスを迎え、私たちにはどのような決断が求められているのでしょうか。決断とは、単なる決心ではありません。それは私たちに告げられた御言葉を信じて、御言葉の約束に応答して、一歩を踏み出すことです。御言葉こそは、「肉となって、わたしたちの間に宿られた」救い主です。このお方が、私たちをすべての罪から救うために、十字架におかかりになり、復活されたお方です。

（２００７年12月号）

恐れるな

「天使は言った。『恐れるな。わたしは、民全体に与えられる大きな喜びを告げる。今日ダビデの町で、あなたがたのために救い主がお生まれになった。この方こそ主メシアである。』」

（ルカ2・10～11）

この年も皆様方と共にこうしてクリスマスをお祝いでき、大きな喜びに溢れています。今年は、〝世界同時不況〟と表現されるほどの金融危機、経済不況が深刻度を通り越しています。職を失われた方々の年の瀬は如何ばかりかと案ぜられます。同時に100人以上の人々が殺傷されたインドでのテロ事件、国内でも不可解な殺人事件が後を絶ちません。まさに世界は暗闇です。しかしこれは世界の何か、どこかが闇だというのでなく、私たち人間の心に忍び込み、私たちを支配していく闇の力そのものであり、私たちも決して例外ではないのです。そして私たちお互いに突きつけられている責任でもあります。

イエス様がお生まれになった二千年前のユダヤの国も同じでした。当時はローマが世界の覇者で、〝すべての道はローマに通ず〟とか〝ローマの平和〟と言われたほど、世界はローマの支配下にありました。ユダの地もローマの占領下で、かろうじてヘロデ王国がある程度の自治を許されていましたが、不安定な国情でした。

ですから、イエス様が「ユダヤ人の王としてお生まれになった」との知らせにヘロデ王が「不安を抱いた」というのは、十分にうなずけることです。ましてや、「野宿しながら、夜通し羊の群れの番をしていた」ベツレヘムの羊飼いたちが、どれほどの不安や恐れの日々を過ごしていたかは、想像に余りがあります。

しかし驚くべきことに御子イエス・キリストの御降誕の「大きな喜び」は、ヘロデの宮殿や時の権力者たち、あるいは知者・学者や富裕な人々に伝えられたのではありませんでした。言ってみれば、この世で誰からも顧みられない、無視され、蔑まれてさえいたような、貧しい羊飼いたちに福音として告げ知らされたのです。これこそまさに福音です。しかも、わざわざ「あなたがたに」告げる、「あなたがたのために」救い主がお生まれになったと、羊飼いたちが「あなたがた」と名指しで覚えられ、場を与えられ、位置づけられているのです。実に驚くべきことです。当時の人間の価値判断をはるかに凌駕した新しい価値観の幕開けが伝えられたのであります。

注意すべきことには、この羊飼いたちへのお告げは、「主の天使」によって届けられていることです。クリスマスのことを伝える新約聖書の個所には、この「主の天使」、単独で「天使」という言葉が19回も出てきます。それほど頻繁に、目まぐるしく天使たちは飛び翔っています。ザカリアに現れ、ヨセフに、マリアに、そしてそれ以外ではたったひと群れとも言うべき「羊飼いたち」の所に飛んで来たのです。「すると、主の天使が近づき、主の栄光が周りを照らしたので、彼らは非常に恐れた」と。彼らが恐れたのも無理からぬことです。しかし、感謝すべきことは、そうした恐れと不安の中にあった寄る辺なき者たちの所にクリスマスの喜びの音信は届けられました。これが福音です。

神様はなぜ、天使たちをお用いになったのでしょうか。そこには神の存在そのものに関わる秘儀が隠されています。神が直接、私たちに現れることは、私たちには滅び以外の何ものでもありません。預言者イザヤは神の顕現に触れた時、「災いだ。わたしは滅ぼされる。わたしは汚れた唇の者。汚れた唇の民の中に住む者。しかも、わたしの目は王なる万軍の主を仰ぎ見た」（イザヤ6・5）と、恐れおののいています。

ですから、神は私たちが滅びないように、「天使たち」を通して、私たちに間接的に臨み、御声を告げてくださったのです。この間接的にということこそ、仲介者、仲保者となられた救い主イエス・キリスト御自身を指し示しています。

聖書画などを観ますと、天使には羽が画かれています。その意味するところは、天使はどこにでも飛んで行けるということ。つまり、神が私たちに臨まれる時、それはいつでも、何処にでも、どんな状況の中であっても、何の妨げもないことを意味しているのです。神の側には私たち人間に臨まれるのに、何の妨げも障害もないこと。あるのは私たちの側の不信、疑い、恐れ、不安、不信仰、不従順……等々。聖書はそうした人間の実態を罪と呼んでいます。

ですから羊飼いたちも、「彼らは非常に恐れた」と記されているように、恐れと不安のただ中にあったのです。しかしこのクリスマスに天使を通して告げられたクリスマスのメッセージは、「恐れるな」という力強い希望と慰めの言葉、約束でした。

「天使は言った。『恐れるな。わたしは、民全体に与えられる大きな喜びを告げる。』」これが最初のクリスマスに響き渡った天使を通して告げられた、神からの喜びのメッセージ、信じるすべての人が救われるという、希望のメッセージです。

（2008年12月号）

クリスマスを受け取る

「実に、すべての人々に救いをもたらす神の恵みが現れました」（テトス2・11）

今年もクリスマスの季節を迎えました。街にはイルミネーションがあふれ、クリスマスセールがお盛んなことです。この不況の折、イエス様はあたかもセールスマンのようにして担がれています。でもイエス様は、そんなことは少しも気になさいません。なぜなら、イエス様こそ本当のセールスマンだからです。

イエス様は何を販売しておられるのでしょうか。それは「黄金・乳香・没薬」という宝物です。

実はこの宝物は、イエス様がお生まれになった時、東の方から長い、長い旅をしてエルサレムにやって来た、「占星学者たち」からイエス様が受け取られた贈り物です。彼らはこの贈り物を献げてイエス様の前に「ひれ伏し」、イエス様をまことの神、救い主と礼拝しました。それは、預言者ミカを通して与えられた神の約束が本当であり、彼らが今まで経験したことのない、大きな深い喜びを経験したからです。

ルターはこの贈り物のことについて、「黄金」とはキリストを王として告白することで、それは〈希望〉を意味し、「乳香」とは生きた信仰の告白で〈信仰〉を表わしており、「没薬」とは〈愛〉に他ならないと教えました。味わい深い説明です。ルターはさらに、イエス様を残忍なヘロデの手から守るためにエジプトに逃避せざるを得なかったヨセフとマリアの旅路に、この贈り物がさぞかし役に立ったことでしょう、と想像を逞しくしています。

イエス様は大きくなられたとき、そのときの様子をきっとマリアから話して聞かされたはずです。そしてこの贈り物はいつの日にかこの世にお返ししたいと思われたのではないでしょうか。きっとそうだと思います。それがクリスマスの贈り物で、イエス様は〈信仰〉〈希望〉〈愛〉のセールスマンということになります。

聖書は、「信仰と、希望と、愛、この三つは、いつまでも残る。その中で最も大いなるものは、愛である」（Ⅰコリント13・13）と教えています。「いつまでも残る」贈り物、それが主イエスによってクリスマスに届いたプレゼントです。「いつまでも残る」とは、それさえあれば他に何がなくても大丈夫ということです。

あなたは今、これさえあれば大丈夫というものを持っておられるでしょうか。あなたにとって、〈生きている時も、死ぬ時も、ただ一つの慰め〉とは何でしょうか。それが〈信仰〉〈希望〉〈愛〉、「その中で最も大いなるものは、愛である」と言われる〈愛〉なのです。聖書はこの愛について、「神は、独り子を世にお遣わしになりました。その方によって、わたしたちが生きるようになるためです。ここに、神の愛がわたしたちの内に示されました」（Ⅰヨハネ4・9）と告げています。

クリスマスは天の父なる神がその独り子イエス・キリストをこの世に、私たちにプレゼントしてくださった日です。ですから「占星学者たち」は神の愛のしるしそのものであるイエス様を受け取りました。イエス様は彼らからの贈り物を受け取り、私たちにプレゼントしてくださいました。それが十字架の愛です。今度はあなたがイエス様を受け取る時です。

（２００９年12月号）

喜んで「飼い葉桶」に

「ところが、彼らがベツレヘムにいるうちに、マリアは月が満ちて、初めての子を産み、布にくるんで飼い葉桶に寝かせた。宿屋には彼らの泊まる場所がなかったからである」

（ルカ2・6〜7）

ヨセフは身重のマリアを労りつつ、ナザレからの長旅を何とか持ちこたえ、ようやくの思いでベツレヘムにたどり着きました。しかし、「宿屋には彼らの泊まる場所がなかった」のです。人々の関心は「最初の住民登録」でいっぱいで、ベツレヘムもごった返しており、ナザレからの旅人のことどころではありませんでした。仮に、「救い主がお生まれになるのですよ」と呼びかけたとしても、誰も相手にしてくれなかったことでしょう。この姿は、人間の営みはいつも日常のこと、自分のことで精一杯で、神様のことに心を向ける人は皆無に等しいことを示しています。今日も同じです。

ヨセフは交渉を重ね、ようやく家畜小屋を借りられたようです。「彼らがベツレヘムにいるうちに」とありますから、何日かそこで過ごしたのでしょう。ヨセフとマリアの忍耐の日々が察せられます。そして「月が満ちて」御子はお生まれになりました。御子は布にくるまれ、「飼い葉桶」に寝かされました。これが最初のクリスマスです。なんと質素で、シンプルで、しかし崇高なことでしょうか！　主イエスは喜んで、「飼い葉桶に」宿られたのです。「飼い葉桶」、そこはこの世です。神の御子の誕生に無関心なこの世です。自分たちのためには当然のように、「泊まる場所」を確保し、御子は外に追いやるのがこの世です。しかし神は、そのような「この世」を「愛された」のです。それが喜んで「飼い葉桶」に宿られる神です。「飼い葉桶」はそうした人間の身勝手さ、自己中心さを意味するだけではありません。それは、罪と汚れに満ちた私たちの姿です。しかし神の御子は、私たちのそのような「飼い葉桶」に喜んでお宿りくださったのです。これがクリスマスです。

なぜ「飼い葉桶」だったのでしょうか。それは、羊飼いたちが恐れずに、近寄れるためでした。当時の羊飼いとは、この世で失われている人間を意味しています。彼らは「野宿をしながら、夜通し羊の群れの番をしていた」。いや、そのような過酷な生活を強いられ、社会的にも人間として認められていなかった、そういう存在でした。しかしその彼らに、「恐れるな」との主の御声が天使を通して届けられたのです。天使の役目、それは神の御介入です。このクリスマスに、主があなたの人生にも介入し、お宿りくださいますように！

（２０１０年12月号）

神の熱意は愛

イザヤ書9章1節以下は、ダビデの子孫から救い主が生まれるという有名なメシア預言です。このことが実現するのは、ひとえに「万軍の主の熱意」であると、イザヤは断言しています。

◇神の約束の成就

今年のアドベント、私たちは東日本大震災で被災された方々のことを覚えつつ祈りの中に導かれています。イザヤが活動した時代、イスラエルの民は捕囚後の、「闇の中」を歩んでいました。また、ペルシアの王キュロスによって、イスラエルの地に帰還することが許されたにもかかわらず、その前途は不安定で、「死の陰の地に住ん」でいると表現されるほどの窮地にありました。しかしイザヤはその民の明日に、その彼方に、「大いなる光を見」、「光が輝く」のをはっきりと捉えていました。何の手掛かりもないのに、ただひたすら神だけを頼りにして信じて進む、それが預言者の確固たる信仰でした。

この信仰が今、私たちにも求められているのではないでしょうか。何かの見通しによって信じていくというのは信仰ではありません。何の見通しもないのに、何の保証もないのに、人から笑われ、馬鹿にされるかもしれない。しかし、ただひたすら神だけを信じて、今できる最善を果たしていく。それが預言者の信仰でした。私たちもそのような信仰を与えられたいと思います。

イザヤの預言は続いています。「ひとりのみどりごがわたしたちのために生まれた。ひとりの男の子がわたしたちに与えられた。権威が彼の肩にある。その名は、『驚くべき指導者、力ある神、永遠の父、平和の君』と唱えられる」と。どのような時にも神の約束を固く信じて明日に望みを置く、これが預言者の信仰でした。実に驚くべき信仰です。

◇信ずる根拠

イザヤは神のこの約束が実現する根拠を、「万軍の主の熱意」に置いています。「万軍の主」とはもともと、「イスラエルの軍隊を導かれる主なる神御自身」のことです。つまり神はその御心をこの歴史に成し遂げていかれるために、「戦いの神」として臨まれると。しかし後には、「天地万物」を創造し、支配していかれる神として受け止められています。イザヤは神のこの「熱意」「熱情」「熱心」がこのことを成し遂げると確信していました。そしてこの予言は、イザヤの時代からおよそ700年後に、御子イエスの誕生となって実現しました。ということは、イザヤの時代の後、だれかがそのことを受け止め、信じ続け歴史の中に生き続けていったということです。そういう信仰共同体があったことを忘れてはなりません。当時も、「残りの者」があったのです。それは少数者でした。

◇神の熱意は愛

神のこの熱意は、御子イエス・キリストを通して、十字架の御業を成し遂げ、私たちのすべての重荷や痛み、苦しみ、そして何よりも神に背いている罪を赦し、贖い、神との交わりを回復してくださったのです。

御子は三日目に死者の中から復活し、死に対する決定的な勝利を明らかにされました。人間の罪が赦され、死が滅ぼされ、神との新しい交わりが回復する。これ以上の喜び、感謝、慰め、希望はありません。

◇私たちの責務

私たちはこのアドベントに、そうした神の熱意がイエス・キリストの十字架と復活の大いなる御業によって、神の愛をもたらしてくださったことを覚え、私たちもそのような熱意を、そして聖い愛を信仰によって与えられ、小さくありましても、「地の塩・世の光」としての役割を果たしていきたいと、祈らずにはおれません。何ができるのかという以上に、主に対するそのような熱い思いを抱くことです。

（２０１１年12月号）

神と人とに愛される生涯

「幼子はたくましく育ち、知恵に満ち、神の恵みに包まれていた。」（ルカ２・40）
「イエスは知恵が増し、背丈も伸び、神と人とに愛された。」（同52節）

主イエスは律法の定める清めの期間が過ぎたとき、ヨセフ、マリアに抱かれてエルサレムの神殿に出かけ、祝福の祈りを受けられた。その後のイエス様の様子をルカ福音書は、冒頭のように伝えている。主イエスも当時の幼子たちのように、健全な生育をしていかれたことが分かる。ここには主の体と知恵のことだけではなく、「神の恵みに包まれていた」、「神と人とに愛された」ことが重要なこととして述べられている。

世の中一般では、目に見える体の成長、そして知恵と言われている人間の賢さ、こうしたことは周囲の人にも分かる、子どもの資質である。しかし親の目線はただそれだけで良いのか、これが聖書の問いかけである。

◇「心」を育む

このルカ福音書を書いたルカは、医者だった。彼は多くの子どもたちの健康診断などをしながら、体の発育、知恵の成長も大事であるが、それ以上に大切なことは、目に見えない「心」のことであることに、誰よりもよく気づいていたはずである。〝三つ子の魂百まで〟と言われるが、ルカは多くの子どもたちに接しながら、目に見えない「心」の豊かさ、その生育を願い、「イエス」は、「神の恵みに包まれていた」、「神と人とに愛された」こと、これが人間に決定的に重要、不可欠な資質であることを伝えているのである。この「心」の問題は目に見えないから、なかなか気づかないことが多い。表面に表れて気づいたときには、子どもの心はむしばまれていて、もう遅いということもある。今日、この「心の病」によって苦しんでいる人々の大半は、三才から七才までの時期に見過ごしにされた「心」の発達、生育の障害が大半であると言われる。

「神の恵み」といい、「神と人とに愛される」ことといい、これはお金では買えないものである。また人間の努力や知恵、知識で作られるものでもない。信仰によって十字架のキリストから賜物として与えられる神の恵みの領域である。それは祈りによって育まれ、聖書の御言葉によって養われ、また教会の交わりを通して習得し、培われることによって、少しずつ身についていくものである。

◇命の源

聖書の箴言には、次のように記されている。

「わが子よ、わたしの言葉に耳を傾けよ。わたしの言うことに耳を向けよ。見失うことなく、心に納めて守れ。それらに到達する者にとって、それは命となり、全身を健康にする。何を守るよりも、自分の心を守れ。そこに命の源がある。曲がった言葉をあなたの口から退け、ひねくれた言葉を唇から遠ざけよ。目をまっすぐに前に注げ。あなたに対しているものにまなざしを正しく向けよ。どう足を進めるかをよく計るなら、あなたの道は常に確かなものとなろう。」

（箴言4・20〜26）

「心」とはなんだろうか。それは私たちの体の部分ではない。私たちの全人格、私たち自身のすべてのことである。ただそのすべての中核がどこにあるのか。それは人間の脳とか、知力、体力といった部分にではなく、それらすべてを根本から支えている中核、それが「心」と表現されるのである。それは私たち人間が神とつながることのできるところ。主イエスの十字架のお蔭で、神とつながる道が備えられた。だからこれは主イエスを信じる「信仰」ということになる。

箴言の著者は、「何を守るよりも、自分の心を守れ。そこに命の源がある」と言い切った。「命の源」は「泉」と訳すこともできる言葉で、泉がどんな日照りにも涸れることなく、いつもこんこんと清水を湧き出していくように、子どもたちの将来に、イエス・キリストを信じる信仰によって与えられる「命の源」としての泉が与えられるように切に願い、祈らなければならない。

◇そこを泉とする

子どもたちの行く手にも、山あり谷あり、幾多の試練が待ち構えていることであろう。そこで挫け、挫折して終わってはならない。

旧約の詩人は、「嘆きの谷を通るときも、そこを泉とするでしょう」（詩編84・7）と述べている。人生のどのような「嘆きの谷」も「泉」に変えられるという固い信仰である。幼子たちがこの信仰に立つ日を祈り待ち望みたい。

（2013年12月号）

あとがき

変わらない主の真実に支えられて

山崎　忍

２０１５年2月、40年を超える長きに亘り、鋭い御言葉の解き明かしと卓越した牧会力によって群れを導かれた黒木安信師が現役主任牧師のままお召されになり、浅草橋教会は大きな衝撃を伴う深い悲しみと痛みを覚えた。

それから数年、黒木師の思いを託された群れは、主の憐れみにより、また多くの方のお祈りとお支えにより守られ、本年同師召天三年を迎えようとしている。そのような中、巻頭言抄を刊行できることは、浅草橋教会にとって大きな喜びと感謝である。

この巻頭言抄は、毎月教会が発行する機関紙『やわらぎ』の黒木師の巻頭言（２００５年1月～２０１４年）を一月ごとに8編ずつを選別したものである。黒木師のメッセージは、教会で長年御言葉によって養われてきた者にとって、また同師を知る者にとっても、その声が聞こえてくるように語り掛けてくる。教会員にとっては、講壇から、そして、『やわらぎ』巻頭言を通して、既に聞いてきたメッセージであるにも関わらず、全く新鮮に、今聞くべきメッセージとして語り掛けてくることに編集に関わった者たちは驚きと感謝を覚えたことである。

私自身も、浅草橋教会で救われ、献身し、黒木師の晩年は副牧師として、同師のメッセージを聞き養われてきた者の一人であるが、今回の編集に当たって新しく語られ、教えられ、感動を覚えたことであった。

そのような黒木師珠玉のメッセージの中から出版のために一部を選別することはとてもむずかしい作業であった。そこで、黒木師と長年連れ添い、牧師夫人として共に伝道牧会の労苦を担ってこられた黒木正子夫人に選出のご労を執っていただいた。牧会者の側にありつつも、信徒の目線で黒木師のメッセージを聞き続けた正子夫人だからこそ、信頼してその労苦をお託しした次第であった。

今回の出版にあたっては、教会内に出版委員会を立ち上げ、河合康子、黒木一途、八木沼恭子の兄姉がその労苦を担ってくださった。大部分の原稿がデーターとしては保存されていなかったため、教会の愛する兄姉、大槻健志、河合康子、熊井初穂、谷口聡、中島美樹、古坂真由美、丸山恵美子、八木沼恭子が原稿入力の労苦を担ってくださり感謝であった。

そして、田畠照子、八木沼恭子の両姉妹が、何度も原稿を読み返し校正を重ねてくださり無事に出版する運びとなったことを心より感謝したい。

最後に、この度の出版のために多大な労苦を担ってくださった株式会社ヨベルの安田ご夫妻に深く感謝したい。安田氏は、黒木師の多数の本の出版に携わってこられたので、主の導きと感謝する次第である。

黒木師は、多方面の聖会の主講師として鋭い視点から御言葉を解き明かし、多くの人々に愛され慕われ、また、メッセージを聞いた人にキリストによる変革を与えてきた霊的器であった。願わくば、教団教派を超えて多くの方に、そして、諸教会において黒木師を知る方々にも、黒木師の牧会の現場からのメッセージを味わっていただきたい。

主にあって心からの感謝を込めて。


（ウェスレアン・ホーリネス教団浅草橋教会　主任牧師）

2018年1月

変わらない主の真実に支えられて

――巻頭言抄

2018年2月23日 初版発行

著　者 ―― 黒木安信

発行者 ―― 山崎　忍

発行所 ―― ウェスレアン・ホーリネス教団　浅草橋教会

発売所 ―― 株式会社ヨベル　YOBEL, Inc.
〒113-0033 東京都文京区本郷 4-1-1　菊花ビル 5F
TEL03-3818-4851　FAX03-3818-4858
e-mail : info@yobel. co. jp

印刷 ―― 中央精版印刷株式会社

配給元―日本キリスト教書販売株式会社（日キ販）
〒162 - 0814　東京都新宿区新小川町 9 -1
振替 00130-3-60976　Tel 03-3260-5670

©2018　ISBN978-4-907486-61-7 C0016

使用聖書は、聖書 新共同訳（日本聖書協会発行）を使用しています。